# 机构投资者异质性与会计稳健性研究

JIGOU TOUZIZHE YIZHIXING YU KUAIJI WENJIANXING YANJIU

李争光 ◎ 著

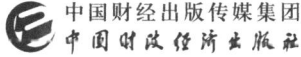

图书在版编目（CIP）数据

机构投资者异质性与会计稳健性研究／李争光著． ——北京：中国财政经济出版社，2023.1

ISBN 978-7-5223-1847-9

Ⅰ.①机… Ⅱ.①李… Ⅲ.①机构投资者-投资行为-研究 Ⅳ.①F830.59

中国国家版本馆 CIP 数据核字（2023）第 018304 号

责任编辑：李筱文　　　　　责任校对：徐艳丽
封面设计：陈宇琰　　　　　责任印制：党　辉

## 机构投资者异质性与会计稳健性研究
JIGOU TOUZIZHE YIZHIXING YU KUAIJI WENJIANXING YANJIU

中国财政经济出版社 出版

URL: http://www.cfeph.cn
E-mail: cfeph@cfeph.cn

（版权所有　翻印必究）

社址：北京市海淀区阜成路甲 28 号　邮政编码：100142
营销中心电话：010-88191522
天猫网店：中国财政经济出版社旗舰店
网址：https://zgczjjcbs.tmall.com
北京财经印刷厂印刷　各地新华书店经销
成品尺寸：170mm×240mm　16 开　14 印张　203 000 字
2023 年 2 月第 1 版　2023 年 2 月北京第 1 次印刷
定价：56.00 元
ISBN 978-7-5223-1847-9
（图书出现印装问题，本社负责调换，电话：010-88190548）
本社质量投诉电话：010-88190744
打击盗版举报热线：010-88191661　QQ：2242791300

盐城工学院学术著作出版基金资助出版

# 序

  本书作者李争光博士是中国人民大学商学院 2012 级财会博士班的学生，我是他的博士生导师。他于 2012 年 9 月进入中国人民大学商学院攻读博士，2015 年 6 月顺利获得管理学（会计学）博士学位，能够在三年的时间内顺利完成博士学业，不仅得益于他的聪慧，更得益于他的勤奋和对学术研究的激情。

  他在攻读会计学博士期间，系统地学习了高级计量经济学、高级微观经济学、会计前沿文献、财务管理前沿文献、审计前沿文献、实证会计理论、实证金融等课程，还研读了大量国际顶级的会计学、财务学、审计学以及经济学期刊上的文献，在实证会计研究方法方面受到了系统、严格的训练，掌握了国际主流的研究范式。这些训练不仅为他未来的学术研究提供了坚实的理论和方法论基础，也为他追踪当代会计与财务学术研究的逻辑脉络与理论前沿提供了指引。

  本书是争光博士根据他的博士论文整理与修订而来的。我清楚地记得，他在进校后的第二年，就与我深入地探讨了他的毕业论文选题，经过多次反复的沟通与论证，最终争光博士将他的博士论文题目确定为《机构投资者异质性与会计稳健性研究》。之所以研究机构投资者异质性的经济后果，主要是因为大量学者检验了机构投资者持股对会计稳健性的影响，但是机构投资者异质性对会计稳健性的影响这一话题鲜有学者触及。他的博士论文,以我国 A 股上市公司作为研究样本,在将机构投资者划分为稳定型机构投资者和交易型机构投资者的基础上,系统考察了机构投资者异质性对会计稳健性的影响;同时还从股权融资成本与投资效率等两个视角考察了机构投资者异质性对会计稳健性经济后果的影响,得出了许多具有价值的结论,对于我国政府监管机构积极引导机构投资者队伍健康发展具有一定的借鉴意义,给我留下了深刻的印象。

从 2012 年 9 月读博至今,争光博士围绕机构投资者异质性经济后果这一领域,运用实证研究范式进行了深入研究,已经有 10 篇研究成果在《南开管理评论》《管理评论》等期刊发表,他已经成为该领域的专家了。我相信本书的出版,将为有志从事机构投资者异质性经济后果领域研究的硕士研究生、博士研究生和青年教师提供一本不可多得的读物。

谨此为序。

中国人民大学商学院教授、博士生导师、财政部会计名家

# 摘　要

会计稳健性是指对收益与损失进行非对称确认，即确认坏消息比确认好消息更加及时，从不乐观报告企业的净资产与盈利。由于会计稳健性具有对收益确认的验证标准高于对损失确认的验证标准的特征，所以会计稳健性已经成为能够有效降低公司管理层与外部股东之间信息不对称程度，缓解公司代理冲突的一项重要治理机制。自从 Basu（1997）提出采用会计利润作为因变量，采用股票收益率作为自变量进行反向回归以实现对会计稳健性的度量后，考察会计稳健性的影响因素及其经济后果已经成为会计学术界的研究热点。大量学者研究发现，会计稳健性能够显著降低公司股票价格发生崩盘的可能性。由此可见，开展对会计稳健性的影响因素及其经济后果领域的研究，对于抑制股价的"暴涨暴跌"，促进资本市场健康稳定发展，保护投资者利益具有重要的理论和实践意义。

20 世纪 80 年代以来，许多发达国家的机构投资者队伍迅速成长，各类基金发展迅速，极大地改变了资本市场的结构，公司股票的大多数逐渐由代表养老金受益者和其他投资者利益的大机构股东所持有。我国作为一个新兴转型经济体，资本市场建立的时间较晚，机构投资者的产生时间和发展速度都晚于和慢于西方发达国家。自我国证监会于 2000 年提出"超常规发展机构投资者"的战略以来，机构投资者在数量和规模上实现了快速的增长和扩张。中国民主建国会中央委员会（以下简称民建中央）在2013年年初向全国"两会"提交了一份《关于深化改革促进资本市场安全健康发展的提案》，建议大力发展机构投资者队伍，机构投资者持股市值占比应达到60%—70%。2013年，时任证监会主席郭树清又把"培养机构投资者队伍、扩大合格的境外机构投资者（QFII）、人民币合格境外机构投资者（RQFII）投资额度"纳入十项工作任务。2014年3月26日，时任国务院总理李克强召开国务院常务会议时，提出要放宽业务准入，壮大专业机构投资者。由此可以看出，机构投资者已经成为资本市场的重要组成部分和上市公司的大股东，其发展问题已经引起了政府高层和监管部门的关注，机构投资者已经被认为能够在公司治理中发挥重要作用。西方学者在探讨机构投资者与盈余管理之间的关系时提出了机构投资者参与公司治理的三种假说，即有效监督假说、无效监督假说与利益合谋假说。在西方学者已有研究成果的基础上，国内外学者主要从投资效率、CEO变更、管理层薪酬、股票价格、企业绩效、盈余管理等视角考察机构投资者公司治理效应的三种假说。但鲜有文献从会计稳健性视角来考察机构投资者的公司治理效应，并且几乎没有文献从机构投资者异质性视角来考察机构投资者对会计稳健性的影响。这正是本研究选择从机构投资者异质性视角来考察机构投资者对会计稳健性以及会计稳健性经济后果影响的缘由。

在借鉴国内外已有研究文献的基础上，研究问题主要锁定在以下几个方面：

第一，在我国，机构投资者会对会计稳健性产生什么影响？和国外已有文献相比，是否存在差异？

第二，与交易型机构投资者相比，稳定型机构投资者对会计稳健性的影响会更加显著吗？

第三，从股权融资成本与投资效率两个角度考察不同性质的机构投资者对会计稳健性经济后果的影响，即考察与交易型机构投资者相比，稳定型机构投资者是否能够强化会计稳健性与股权融资成本之间的负相关关系；是否能够强化会计稳健性与过度投资之间的负相关关系；是否能够缓解会计稳健性与投资不足之间的正相关关系。

第四，从企业绩效视角进一步检验不同性质的机构投资者的监督效应，进而为机构投资者异质性对会计稳健性与股权融资成本、投资效率之间关系的影响提供进一步的证据。

对实证研究结果进行分析后发现：

第一，机构投资者整体持股比例越高，会计稳健性水平就越高。这一研究结论证实了机构投资者作为公司的一类重要股东需要会计稳健性，与国外文献的研究结论一致。与交易型机构投资者相比，稳定型机构投资者对会计稳健性的影响更加显著，这一研究结论表明与交易型机构投资者相比，稳定型机构投资者是监督型机构投资者，能够评估出稳健性报告带来的治理收益，因此，与交易型机构投资者相比，稳定型机构投资者对会计稳健性的正向影响更加显著。

第二，与交易型机构投资者相比，稳定型机构投资者显著强化了会计稳健性与股权融资成本之间的负相关关系。这一研究结论表明与交易型机构投资者相比，稳定型机构投资者对其投资公司的监督更加有效，从而强化了会计稳健性与股权融资成本之间的负相关关系。同时，该研究也为学术界已有的会计稳健性与股权融资成本之间负相关的观点提供了新的经验证据。

第三，与交易型机构投资者相比，稳定型机构投资者显著强化了会计稳健性与过度投资之间的负相关关系。这一研究结论再一次证实了稳定型机构投资者作为公司长期型、监督型、价值型机构投资者能够注重对其所投资公司管理层日常经营行为的监督,对会计稳健性的影响更加显著,从而强化了会计稳健性这一公司治理机制对过度投资的抑制作用。与交易型机构投资者相比,稳定型机构投资者缓解了会计稳健性与投资不足之间的正相关关系。这一研究结论也再一次证实了稳定型机构投资者作为监督型机构投资者,对其投资公司管理层的监督积极性更高,对被投资公司能够产生正面的治理效应,从而促使被投资公司绩效的提升。公司绩效越好,公司的现金净流量就可能越多,公司发生融资约束的可能性越小。从这个角度来说,与交易型机构投资者相比,稳定型机构投资者缓解了会计稳健性对投资不足带来的负面影响。同时,该研究也为学术界已有的会计稳健性与过度投资之间负相关、会计稳健性与投资不足之间正相关的观点提供了新的经验证据。

第四,机构投资者持股比例越高,企业绩效越好,支持了机构投资者的有效监督假说。与交易型机构投资者相比,稳定型机构投资者对企业绩效的影响更加显著,这一经验证据为稳定型机构投资者显著强化了会计稳健性与股权融资成本之间的负相关关系、强化了会计稳健性与过度投资之间的负相关关系、缓解了会计稳健性与投资不足之间的正相关关系的研究结论提供了进一步的证据。

该研究的理论贡献包括:

第一,丰富和拓展了会计稳健性与股权融资成本之间关系领域的文献。已有文献考察了会计稳健性与股权融资成本之间的关系,但尚未有文献考察机构投资者异质性对会计稳健性与股权融资成本之间关系的影响。该研究基于机构投资者异质性视角,考察了与交易型机构投资者相比,稳定型机构投资者对会计稳健性与股权融资成本之间关系的影响,从机构投资者异质性视角丰富和拓展了会计稳健性与股权融资成本之间关系领域的研究。

第二,丰富和拓展了会计稳健性与投资效率之间关系领域的文献。已有文献考察了会计稳健性与投资效率之间的关系,但尚未有文献考察机构投资者异质性对会计稳健性与投资效率之间关系的影响。该研究基于机构投资者异质性视角,考察了与交易型机构投资者相比,稳定型机构投资者对会计稳健性与过度投资、会计稳健性与投资不足之间关系的影响,从机构投资异质性视角丰富和拓展了会计稳健性与投资效率之间关系领域的研究。

第三,丰富和拓展了会计稳健性影响因素领域的文献。已有研究主要从股东、债权人、职工、供应商、消费者等利益相关者视角考察了会计稳健性的影响因素,鲜有文献考察机构投资者对会计稳健性的影响,而且几乎没有文献考察机构投资者异质性对会计稳健性的影响。该研究考察了不同性质的机构投资者对会计稳健性的影响,丰富和拓展了Watts(2003)所提出的会计稳健性产生原因的契约理论,提供了机构投资者与会计稳健性之间关系研究的新视角。

第四,丰富了机构投资者异质性经济后果领域的相关研究。已有文献主要从自愿性信息披露、企业绩效等视角考察机构投资者异质性的经济后果,本研究考察了机构投资者异质性对会计稳健性的影响,从而丰富了机构投资者异质性经济后果领域的文献。

该研究的实践意义在于:

第一,在一定程度上为宏观决策者提供了发展稳定型或交易型机构投资者的政策依据。该研究借鉴已有的研究成果,将机构投资者按照投资期限与持股动机的不同划分为交易型与稳定型机构投资者,从会计稳健性视角考察不同性质的机构投资者的公司治理效应,该研究的结论可以为监管部门发展稳定型或交易型机构投资者提供政策参考。

第二,从会计稳健性视角为政策部门制定保护投资者利益的措施提供了可资借鉴的参考途径。该研究为学术界已有的会计稳健性与股权融资成本之间关系的结论提供了新的经验证据,这一研究结论可以为政策部门制定保护投资者利益的措施提供可资借鉴的参考路径。

2022 年 12 月

# Abstract

Accounting conservatism is that earnings recognizes the bad news is more timeless than the good news, thus underestimates the corporate net assets and profitability. Due to accounting conservatism has higher standard of verify income than the standard of verify loss, so accounting conservatism has become an important governance mechanism to effectively reduce the information asymmetry and mitigate agent conflict between the corporate management and outside shareholders. Since Basu (1997) constructed reverse regression model to measure the level of accounting conservatism, explores the impact of the factors and economic consequences of accounting conservatism have prevalent in accounting academic research. A large number of scholars found that accounting conservatism can significantly reduce the possibility of company share prices to collapse. This study has important theoretical and practical significance to carry out research in the field of the impact of factors and economic consequences of accounting conservatism for ensuring the healthy development of the capital market, inhibiting the share price spike and protecting the interests of investors.

Since the 1980s, many institutional investors rapidly grow in developed countries, the rapid development of various types of funds dramatically change the structure of the capital market, the majority of the company's stock gradually held by large institutional shareholders which represent the beneficiaries of pension and other investors' interests. As an emerging economy in transition, China establish the capital market is later than Western countries, resulting in occurrence and growth of institutional investors are later and slower than Western countries. Since 2000, SEC of China has proposed "the strategy of extraordinary development of institutional investors", the number and size of institutional investors have achieved rapidly growth and expansion. China National Democratic Construction Association in early 2013 submitted a proposal about "Deepen reform and ensure healthy development of the capital market" to The National People's Congress of the people's Republic of China and The National Committee of the Chinese Political Consultative Conference, the party proposes to vigorously develop institutional investors, institutional investors accounted for market shares should reach 60%-70%. In 2013, the former Chairman of the SEC of China Guo Shuqing again proposed that "cultivate institutional investors, expand QFII, RQFII investment quota" should be included into ten tasks. March 26, 2014, Chinese Premier Li Keqiang who held State Council executive meeting, proposed to relax the access business and strengthen professional institutional investors. It can be seen that institutional investors have become the major shareholders of listed companies and become an important part of capital markets, and its development has attracted strong attention of senior government officials and regulators, institutional investors have been thought to play important role in corporate governance. When they explore the relationship between earnings management and institutional investors, western scholars propose that institutional investors' impact on corporate governance have three hypotheses: effective supervision, ineffective supervision, interests conspiracy. On the basis of the findings of western scholars, the domestic and foreign scholars mainly examine three hypotheses of institutional investors' impact on corporate governance from the perspectives of investment efficiency, CEO change, executive compensation, stock prices, corporate performance, earnings management. But little literature examines the effect of corporate governance of institutional investors from the perspective of accounting conservatism, especially no literature examine institutional investors' impact on accounting conservatism from the perspective of institutional investors' heterogeneity. This is the motivation for this book to study institutional investors' effect on accounting conservatism and economic consequences of accounting conservatism from the perspective of institutional investors' heterogeneity.

This book mainly solves the following problems on the basis of the domestic and foreign existing literature:

Firstly, do the institutional investors have any effect on accounting conservatism in China? Compared with the foreign existing literature, whether there is a difference?

Secondly, compared with the unstable institutional investors, whether the stable institutional investors have more significant effect on accounting conservatism?

Thirdly, this book also examines the impact of institutional investors' heterogeneity on the economic consequences of accounting conservatism from the perspective of the cost of equity financing and investment efficiency, it is that compared with unstable institutional investors, whether the stable institutional investors strengthen the negative relationship between accounting conservatism and the cost of equity financing? whether the stable institutional investors strengthen the negative relationship between accounting conservatism and overinvestment? whether the stable institutional investors weaken the positive relationship between accounting conservatism and underinvestment?

Fourthly, from the perspective of corporate performance, the supervision effect of different nativity of institutional investors is further tested, so as to provide further evidence for the influence of institutional investor heterogeneity on the relationship between accounting conservatism, the cost of equity financing and investment efficiency.

According to empirical results, the main conclusions of this book as follows:

Firstly, the higher the stake hold by institutional investors, the higher the level of accounting conservatism. This finding confirms that the institutional investors as an important class of shareholders require accounting conservatism. The stable institutional investors have more significant effect on accounting conservatism compare with the unstable institutional investors. This finding shows that compared with the unstable institutional investors, the stable institutional investors are supervision type's institutional investors, they can assess governance benefits for the conservative financial report, therefore, compared with the unstable institutional investors, the stable institutional investors have more positive impact on accounting conservatism.

Secondly, the stable institutional investors exacerbate the negative relationship between accounting conservatism and the cost of equity financing compared with the unstable institutional investors. This finding indicates that the stable institutional investors effectively supervise the invested company compared with the unstable institutional investors, thus strength the negative relationship between accounting conservatism and the cost of equity financing. This study also provides new empirical evidence for the conclusion that the relationship between accounting conservatism and the cost of equity financing.

Thirdly, the stable institutional investors exacerbate the negative relationship between accounting conservatism and overinvestment compare with the unstable institutional investors. This conclusion once again confirms that the stable institutional investors as the company's long-term type, monitoring type and value type's institutional investors pay attention to monitor the company's management daily business activities, the stable institutional investors strength the negative relationship between accounting conservatism and overinvestment. The stable institutional investors weaken the positive relationship between accounting conservatism and underinvestment compare with the unstable institutional investors. This finding also confirms that the stable institutional investors as supervision type's institutional investors, they can effectively supervise the invested company, they have positive governance effect on invested company and improve corporate performance. The corporate performance is better, the company's net cash flow is much more, this results in less companies financing constraints. In this sense, the stable institutional investors weaken the positive relationship between accounting conservatism and underinvestment compare with the unstable institutional investors. This study also provides new empirical evidence for the conclusions that the relationship between accounting conservatism and overinvestment, accounting conservatism and underinvestment.

Fourthly, the higher the shareholding ratio of institutional investors, the better the corporate performance, which supports the effective supervision hypothesis of institutional investors. Compared with the unstable institutional investors, the stable institutional investors have a more significant impact on corporate performance. This empirical evidence provides further evidence for the research conclusion that the stable institutional investors significantly strengthen the negative correlation between accounting conservatism and the cost of equity financing, strengthen the negative correlation between accounting conservatism and overinvestment, and alleviate the positive correlation between accounting conservatism and underinvestment.

The theoretical contributions of this study as follows:

Firstly, this study enriches and expands the literature of the field of relationship between accounting conservatism and the cost of equity financing. Existing literature examine the relationship between accounting conservatism and the cost of equity financing, but there is no literature explores the relationship between accounting conservatism and the cost of equity financing cost from the perspective of institutional investors' heterogeneity. Based on the perspective of institutional investors' heterogeneity, this study investigates the stable institutional investors' effect on the relationship between accounting conservatism and the cost of equity financing cost compared with the unstable institutional investors. This study enriches and expands the literature of the field of relationship between accounting conservatism and the cost of equity financing from the perspective of institutional investors heterogeneity.

Secondly, this study enriches and expands the literature of the field of relationship between accounting conservatism and the investment efficiency. Existing literature examine the relationship between accounting conservatism and investment efficiency, but there is no literature explores the relationship between accounting conservatism and investment efficiency from the perspective of institutional investors' heterogeneity. Based on the perspective of institutional investors' heterogeneity, this study investigates the stable institutional investors' effect on the relationship between accounting conservatism and investment efficiency compared with the unstable institutional investors. This study enriches and expands the literature of the field of relationship between accounting conservatism and investment efficiency from the perspective of institutional investors' heterogeneity.

Thirdly, this study enriches and expands the literature of the field of influential factors of accounting conservatism. Existing literature investigates influential factors of accounting conservatism from perspectives of shareholders, creditors, employees, suppliers and so on. There is little literature investigates institutional investors' effect on accounting conservatism. This book explores institutional investors' effect on accounting conservatism based on the perspective of institutional investors' heterogeneity, this enriches and expands the contract theory that is a cause of accounting conservatism (Watts, 2003), providing a new research perspective for the relationship between institutional investors and accounting conservatism.

Fourthly, this study enriches the related research in the field of economic consequences of the institutional investors' heterogeneity. Existing literature mainly explore the economic consequences of the institutional investors' heterogeneity from the perspectives of voluntary information disclosure, corporate performance. This study examines the impact of institutional investors heterogeneity on accounting conservatism, which enriches the literature in the field of economic consequences of institutional investors' heterogeneity.

In addition, this study has the practical significance as follows:

Firstly, this study provides the policy basis about developing the stable or the unstable investors for macro policy makers to a certain extent. This study builds on the existing literature, dividing institutional investors into the stable and the unstable institutional investors, investigating the effect of different nature of institutional investors on corporate governance. This study provides the policy basis about developing the stable or the unstable investors for macro policy makers to a certain extent.

Secondly, this study provides references for policy department to make measures to protect the interests of the investors from the perspective of accounting conservatism. The finding of this book provides new empirical evidence for the conclusion that the relationship between accounting conservatism and the cost of equity financing. This study can also provide reference for policy department to make measures to protect the interests of investors.

# 目 录

**第1章 导论** / 1
    1.1 研究背景 / 3
    1.2 研究目标与研究意义 / 6
    1.3 研究思路、主要内容与研究框架 / 8
    1.4 核心概念界定 / 11
    1.5 研究方法 / 14
    1.6 研究的改进与主要创新 / 15

**第2章 文献综述** / 17
    2.1 会计稳健性 / 19
    2.2 机构投资者 / 31
    2.3 机构投资者与会计稳健性 / 37
    2.4 文献评述 / 37

**第3章 制度背景与理论基础** / 43
    3.1 制度背景 / 45
    3.2 理论基础 / 52

**第4章 机构投资者持股与会计稳健性** / 59
    4.1 引言 / 61
    4.2 理论分析与研究假说 / 63
    4.3 研究设计 / 67

4.4 实证结果分析　　/ 73

4.5 稳健性检验　　/ 78

4.6 本章结论与启示　　/ 91

## 第5章　机构投资者异质性、会计稳健性与股权融资成本　　/ 95

5.1 引言　　/ 97

5.2 理论分析与研究假说　　/ 99

5.3 研究设计　　/ 102

5.4 实证结果分析　　/ 107

5.5 稳健性检验　　/ 113

5.6 本章结论与启示　　/ 122

## 第6章　机构投资者异质性、会计稳健性与投资效率　　/ 125

6.1 引言　　/ 127

6.2 理论分析与研究假说　　/ 129

6.3 研究设计　　/ 133

6.4 实证结果分析　　/ 137

6.5 稳健性检验　　/ 144

6.6 本章结论与启示　　/ 149

## 第7章　机构投资者异质性与企业绩效　　/ 151

7.1 引言　　/ 153

7.2 理论分析与研究假设　　/ 154

7.3 研究设计　　/ 157

7.4 实证结果分析　　/ 160

7.5 稳健性检验　　/ 164

7.6 研究结论与启示　　/ 169

**第 8 章　研究结论、政策建议与未来研究方向　／171**
    8.1　研究结论　／173
    8.2　政策建议　／178
    8.3　研究局限　／180
    8.4　未来的研究方向　／180

**参考文献　／182**
**致　　谢　／196**

# 第1章

# 导 论

## 1.1 研究背景

会计稳健性是指对收益与损失进行非对称确认，即确认坏消息比确认好消息更加及时，从而低估企业的净资产与盈利能力（Basu，1997；Holthausen 和 Watts，2001；Givoly 等，2007；Roychowdhury 和 Watts，2007）。会计稳健性是反映高质量会计信息的一个重要特征（Basu，1997；Watts，2003）。由于会计稳健性具有对收益确认的验证标准高于对损失确认的验证标准的特征，所以会计稳健性已经成为能够有效降低公司管理层与外部股东之间信息不对称程度，缓解公司代理冲突的一项重要治理机制（Watts，2003；Lara 等，2009）。自从 Basu（1997）提出采用会计利润作为因变量，采用股票收益率作为自变量进行反向回归以实现对会计稳健性的度量后，考察会计稳健性的影响因素及其经济后果已经成为会计学术界的研究热点。Kim 和 Zhang（2010）以 1964—2007 年美国公司为样本，采用 Khan 和 Watts（2009）的 C-Score 模型度量了公司层面的会计稳健性水平，考察了稳健的财务报告是否具有预测股价崩盘风险的能力，在控制了投资者异质性、信息不透明以及公司特征等影响股价崩盘风险的其他因素后，他们发现财务报告的稳健程度越高，公司在未来经历股价崩盘风险的可能性越小。由此可见，开展对会计稳健性的影响因素及其经济后果领域的研究，对于抑制股价"暴涨暴跌"，促进资本市场健康稳定发展，保护投资者利益具有重要的理论和实践意义。

近年来，国内外学者主要从股东、债权人、职工、供应商、消费者等利益相关者以及管理层薪酬与会计业绩敏感性、政治关联、产权性质、管理层过度自信、管理层特征、内部控制质量、货币政策、税收负担、审计师的财务专长、信息不对称等视角考察会计稳健性的影响因素（Ball，2001；Watts，2003；曹宇等，2005；Cullinana 和 Wang，2012；Ahmeda 和 Duellman，2007；LaFond 和 Roychowdhury，2008；Nikolaev，2010；Chen

等，2010；Hui 等，2012；沈永建等，2013；Ahmed 和 Duellman，2012；Iyengar 和 Zampelli，2010；陈艳艳等，2013；Beekes 等，2004；Xia 和 Zhu，2009；董红星，2009；Ball 等，2008；Kothari 等，2009；Ahmed 和 Duellman，2013；孙光国和赵健宇，2014；朱茶芬和李志文，2008；刘永丽，2014；张兆国等，2011；方红星和张志平，2012；徐虹等，2013；饶品贵和姜国华，2011；周泽将和杜兴强，2013；修宗峰，2008；Ramalingegowda 和 Yu，2012；Krishnan 和 Visvanathan，2008；LaFond 和 Watts，2008），而且取得了一批富有建树的研究成果。但机构投资者与会计稳健性之间关系的研究较为缺乏，而关于机构投资者异质性对会计稳健性的影响这一话题更是鲜有学者触及，为此本书尝试从机构投资者异质性这一视角来考察机构投资者对会计稳健性及其经济后果的影响，试图在某种程度上拓展会计稳健性影响因素及其经济后果领域的研究。

20 世纪 80 年代以来，许多发达国家的机构投资者队伍迅速成长，各类基金发展迅速，极大改变了资本市场的结构，公司股票的大多数逐渐由代表养老金受益者和其他投资者利益的大机构股东所持有（李维安，2002）。我国作为一个新兴转型经济体，资本市场建立的时间较晚，不仅机构投资者的产生时间要晚于西方发达国家，而且发展速度也慢于西方发达国家。自我国证监会于 2000 年提出"超常规发展机构投资者"的战略以来，机构投资者在数量和规模上实现了快速的增长和扩张，深交所发布的 2012 年实证分析报告显示，截至 2012 年年底，在深交所上市的公司所公布的机构投资者持股比例已达到了 9.86%，较 2011 年有了较大的增长[①]。民建中央在 2013 年年初向全国"两会"提交了《关于深化改革促进资本市场安全健康发展的提案》，该民主党派建议大力发展机构投资者队伍，机构投资者持股市值占比应达到 60%—70%[②]。2013

---

① 上述数据来源于 2013 年 5 月 6 日的投资快报，标题为"深市公司机构投资者持股比例 9.8% 沪市近七成公司有分红"，网址为：http://www.gf.com.cn/cms/newsContent.jsp?docId=1749059。

② 民建中央于 2013 年两会上的这份提案，信息来源于 2013 年 2 月 28 日《证券时报》，标题为"民建中央两会提案建议：机构持股占比应提至 60%—70%"，网址为：http://news.xinhuanet.com/fortune/2013-02/28/c_124397843.htm。

年，时任证监会主席郭树清又把"培养机构投资者队伍""扩大 QFII、RQFII 的投资额度"纳入十项工作任务。2014 年 3 月 26 日，国务院总理李克强召开国务院常务会议时，提出要放宽业务准入，壮大专业机构投资者。由此可以看出，机构投资者的发展问题已经引起了政府高层和监管部门的大力关注，机构投资者已经成为资本市场的重要组成部分和上市公司的大股东。机构投资者已经被认为能够在公司治理中发挥重要的作用（Lin 等，2014）。Pound（1988）在探讨机构投资者与盈余管理之间的关系时提出了机构投资者参与公司治理的三种假说，即有效监督假说、无效监督假说与利益合谋假说。在 Pound 取得的研究结论的基础上，国内外学者主要从投资效率、CEO 变更、管理层薪酬、股票价格、企业绩效、盈余管理等视角考察了机构投资者公司治理效应的三种假说。但鲜有文献从会计稳健性视角来考察机构投资者的经济后果，更别提从会计稳健性视角来考察机构投资者异质性的经济后果了。虽然该领域的研究文献不多，但是确实还是出现了一些有借鉴意义和参考价值的文献。从国外的文献来看，Ramalingegowda 和 Yu（2012）在研究机构投资者与会计稳健性的关系时将公司的机构投资者按照 Bushee（1998）、Brickley 等（1988）的分类标准划分为长线机构投资者、短线机构投资者与指数型机构投资者，研究发现只有长线机构投资者才有动机监督公司管理层的行为，才能够从正面影响公司的会计稳健性水平。这篇文献给本书的启示是：机构投资者可以按照不同的标准进行分类，不同性质的机构投资者的投资期限和持股动机不同，对公司管理层机会主义行为的监督效应也不同，必然会导致其对会计稳健性的需求不同。国内大量学者研究了机构投资者的公司治理效应，并且在借鉴 Pound（1988）提出的三种假说的基础上，进一步分析了机构投资者的公司治理效应存在两种截然不同观点的原因。但是国内尚未发现系统深入研究机构投资者以及不同性质的机构投资者对会计稳健性的影响的文献，这正是本书选择从机构投资者异质性视角来研究机构投资者对会计稳健性以及会计稳健性经济后果的影响的缘由。

## 1.2 研究目标与研究意义

### 1.2.1 研究目标

在借鉴已有研究文献的基础上,本书尝试进一步回答以下问题:

1. 在我国,机构投资者会对会计稳健性产生什么影响?与国外已有文献的研究结论相比,是否存在差异?

2. 在上述分析的基础上,借鉴 Elyasiani 和 Jia(2010)、牛建波等(2013)、李争光等(2014、2015)的研究,将机构投资者划分为交易型与稳定型机构投资者,进一步考察不同性质的机构投资者对会计稳健性的影响是否存在差异?即考察与交易型机构投资者相比,稳定型机构投资者对会计稳健性的影响会更加显著吗?

3. 除了从机构投资者异质性视角考察会计稳健性的影响因素外,本书还从股权融资成本与投资效率等两个视角考察机构投资者异质性对会计稳健性经济后果的影响,即考察与交易型机构投资者相比,稳定型机构投资者是否能够强化会计稳健性与股权融资成本之间的负相关关系;是否能够强化会计稳健性与过度投资之间的负相关关系;是否能够缓解会计稳健性与投资不足之间的正相关关系。

4. 在上述研究的基础上,本书还从企业绩效视角进一步检验不同性质的机构投资者的监督效应,进而为机构投资者异质性对会计稳健性与股权融资成本、投资效率之间关系的影响提供进一步的证据。

上述问题构成了本书的研究目标,即在机构投资者异质性的视角下,考察不同性质的机构投资者对会计稳健性的影响,并进一步考察机构投资者异质性对会计稳健性经济后果的影响。

## 1.2.2 研究意义

1. 理论意义

（1）从机构投资者异质性视角考察了不同性质的机构投资者对会计稳健性的影响，在一定程度上丰富和拓展了 Watts（2003）所提出的会计稳健性产生原因的契约理论。

（2）从机构投资者异质性视角考察了机构投资者对会计稳健性与股权融资成本、会计稳健性与投资效率之间关系的影响，从而在一定程度上深化了会计稳健性经济后果领域的研究深度。已有文献主要从债务融资成本、股权融资成本、投资效率三个视角来考察会计稳健性的经济后果，这些研究都是从两个变量之间关系出发来考察会计稳健性的经济后果。本书借鉴已有的研究成果，基于机构投资者异质性视角，考察与交易型机构投资者相比，稳定型机构投资者对会计稳健性与股权融资成本、会计稳健性与投资效率之间关系的影响，进而从机构投资者异质性视角拓展了会计稳健性经济后果领域的研究。

（3）将机构投资者划分为稳定型和交易型两种类型，在一定程度上丰富了机构投资者异质性领域的研究。不同于其他学者侧重从机构投资者整体持股比例视角来考察机构投资者对会计稳健性及其经济后果的影响，本书检验了稳定型机构投资者与交易型机构投资者这两类不同性质的机构投资者对会计稳健性及其经济后果的影响，从而深化了机构投资者异质性领域的研究。

2. 实践意义

（1）在一定程度上为宏观决策者提供了发展稳定型或交易型机构投资者的政策依据。本书借鉴已有的研究文献，将机构投资者按照投资期限与持股动机的不同划分为交易型与稳定型机构投资者，从会计稳健性视角来考察不同性质的机构投资者的公司治理效应，本书的研究结论可以为监管部门发展稳定型或交易型机构投资者提供政策参考。

（2）在一定程度上为会计准则制定者及公司利益相关者权衡稳健性会

计政策对投资效率的影响提供参考。本书为学术界已有的会计稳健性与过度投资、会计稳健性与投资不足之间关系的结论提供了新的经验证据，这些研究结论可以为会计准则制定机构以及公司的利益相关者根据企业投资的具体情况，合理确定企业的会计稳健性水平，为提高企业的投资效率提供参考。

（3）从会计稳健性视角为政策部门制定保护投资者利益的措施提供了可资借鉴的参考途径。本书为学术界已有的会计稳健性与股权融资成本之间关系的结论提供了新的经验证据，这一研究结论可以为政策部门制定保护投资者利益的措施提供可资借鉴的参考路径。

## 1.3 研究思路、主要内容与研究框架

### 1.3.1 研究思路

本书从分析我国机构投资者发展的制度背景入手，进一步阐述了对机构投资者的发展问题研究已经引起了政府高层和监管部门的关注，以及机构投资者已经成为资本市场的重要组成部分和上市公司的大股东，通过对 Watts（2003）提出的股东需要会计稳健性这一观点的质疑，由此引申出我国机构投资者是否需要会计稳健性的问题，机构投资者并不是同质的，可以按照投资期限与持股动机的不同进行分类，进而分析和检验不同性质的机构投资者对会计稳健性的影响是否存在差异，以此作为检验机构投资者异质性对会计稳健性经济后果产生影响的理论前提。在此基础上，从股权融资成本与投资效率两个视角考察机构投资者异质性对会计稳健性经济后果的影响。上述两大部分之间的内容具有内在的逻辑联系，第一部分，考察机构投资者异质性对会计稳健性的影响属于会计稳健性影响因素领域的研究；第二部分，从股权融资成本与投资效

率等两个视角考察机构投资者异质性对会计稳健性与股权融资成本、会计稳健性与投资效率之间关系的影响属于会计稳健性经济后果领域的研究。两个部分之间前后呼应，逐步递进，构成了本书完整的研究思路。

除此之外，本书还从企业绩效视角进一步检验不同性质的机构投资者的监督效应，进而为机构投资者异质性对会计稳健性与股权融资成本、投资效率之间关系的影响提供进一步的证据。

本书的研究思路如图1-1所示。

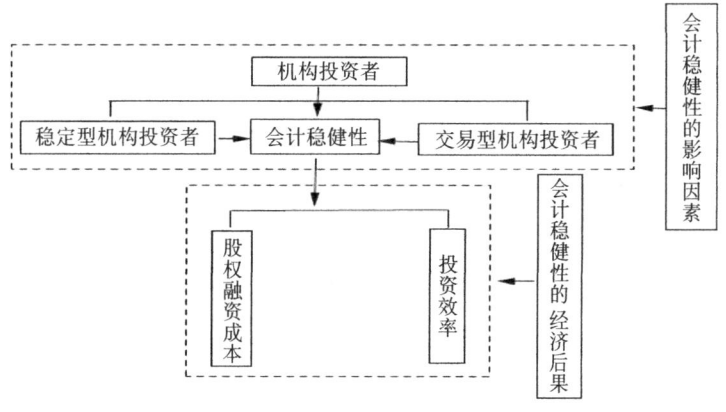

图1-1 本书研究思路

## 1.3.2 研究的主要内容与框架

本书共分为八章，各章的主要内容如下所述：

第1章为导论，主要是引入本书的研究主题，具体包括研究背景与问题的提出、研究目标与研究意义、研究的思路、研究的主要内容与框架、研究的创新与改进之处、核心概念界定。

第2章为文献综述，主要对会计稳健性、机构投资者、机构投资者与会计稳健性三大研究领域的文献进行全面回顾和述评。

第3章为制度背景与理论基础，首先介绍会计稳健性的概念由来、机构投资者在我国的发展历程；其次，从委托代理理论、信息不对称理论两个视角阐述机构投资者需要会计稳健性的理论基础，并详细论述会计稳健性对股权融资成本、会计稳健性对过度投资、投资不足产生影响的作用机理。

第4章考察机构投资者持股、机构投资者异质性对会计稳健性的影响。本章首先检验机构投资者持股对会计稳健性的影响；其次，借鉴已有文献的研究成果，介绍稳定型机构投资者与交易型机构投资者的度量办法，在此基础上，考察稳定型机构投资者与交易型机构投资者这两类不同性质的机构投资者对会计稳健性的影响是否存在差异。

第5章从股权融资成本视角考察机构投资者异质性对会计稳健性经济后果的影响。考察机构投资者异质性对会计稳健性与股权融资成本之间关系影响的前提是会计稳健性能够对股权融资成本产生影响，故本章首先对学术界已有的会计稳健性与股权融资成本之间负相关的观点进行验证；其次，在此基础上进一步考察与交易型机构投资者相比，稳定型机构投资者是否能够强化会计稳健性与股权融资成本之间的负相关关系。

第6章从投资效率视角考察机构投资者异质性对会计稳健性经济后果的影响。考察机构投资者异质性对会计稳健性与过度投资、投资不足之间关系的影响的前提是会计稳健性能够对过度投资、投资不足产生影响，故本章首先对学术界已有的会计稳健性与过度投资之间负相关、会计稳健性与投资不足之间正相关的观点进行验证；其次，在此基础上进一步考察与交易型机构投资者相比，稳定型机构投资者是否能够强化会计稳健性与过度投资之间的负相关关系；最后，稳定型机构投资者是否能够缓解会计稳健性与投资不足之间的正相关关系。

第7章从企业绩效视角进一步检验不同性质的机构投资者的监督效应，进而为第5章、第6章的研究结论提供进一步的证据。

第8章为全文总结，具体包括研究结论、政策建议、研究局限与未来研究方向。

本书的研究框架示意如图1-2所示。

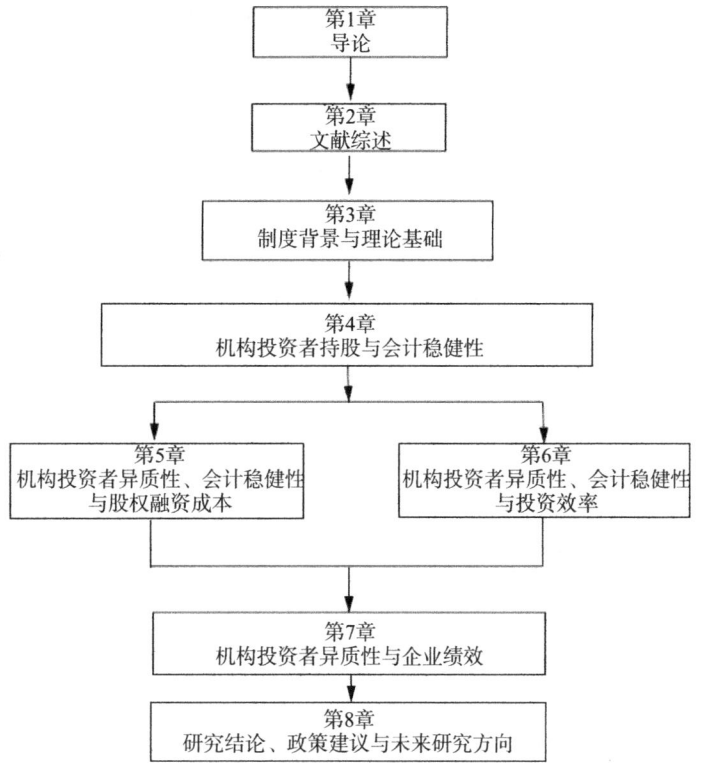

图 1-2 本书框架示意

## 1.4 核心概念界定

### 1.4.1 会计稳健性

目前，国内外学术界对会计稳健性尚未形成一致的定义。会计稳健性在传统上被定义为："不提前确认任何不确定的收益，不推迟确认所有可能的损失"（Bliss，1924；李远鹏，2006）。

在实证研究中，会计稳健性被定义为：对收益与损失进行非对称确认，即确认坏消息比确认好消息更加及时,从而低估企业的净资产(Basu,1997;Holthausen 和 Watts,2001;Givoly 等,2007;Roychowdhury 和 Watts,2007)。

2006年我国颁布了新的会计准则,新会计准则的一个重要特征就是实现了与国际会计准则的实质性趋同,新会计准则对会计稳健性的界定已与国外实证文献中(Basu,1997;Holthausen 和 Watts,2001;Givoly 等,2007;Roychowdhury 和 Watts,2007)所提出的会计稳健性的概念不存在本质区别,本书认为新会计准则对会计稳健性这一概念界定的核心是:"保守地估计资产或收益,乐观地估计负债或费用,从而实现当期财务报表中报告最小盈余的目的。"

由于本书是从机构投资者异质性视角考察会计稳健性的影响因素及其经济后果,属于实证研究范式,并且在研究中借鉴累计非经营性应计利润、应计现金流模型、盈余反转模型、C-Score 模型来度量公司的会计稳健性,这些模型认为会计稳健性是指对收益与损失进行非对称确认,与 Basu(1997)、Holthausen 和 Watts(2001)、Givoly 等(2007)、Roychowdhury 和 Watts(2007)的观点一致。为了使本书借鉴的实证检验模型与国际主流文献中的实证检验模型不存在本质区别,故本书接受 Basu(1997)、Holthausen 和 Watts(2001)、Givoly 等(2007)、Roychowdhury 和 Watts(2007)的观点,将会计稳健性定义为:对收益与损失进行非对称确认,即确认坏消息比确认好消息更加及时,从而低估企业的净资产。

## 1.4.2 机构投资者与机构投资者异质性

迄今为止,学术界对机构投资者的定义尚未形成一致的观点。现有文献主要从描述性和列举性两个视角来对机构投资者的定义进行界定(Davis 和 Steil,2001;Brancato 等,2000;王奇波,2006)。

描述性定义认为:机构投资者是指利用其拥有的专业优势、信息搜集优势以及其他方面的优势将自有资金以及通过募集方式获得的社会公众资金一起进行管理与投资,以实现收益最大化的一种金融机构(Davis 和 Steil,2001)。

列举性定义主要是从机构投资者的具体类型角度对机构投资者进行界定。该种定义认为：机构投资者是指将其所能利用的资金进行以证券为主的投资，并具有规模优势、专业化优势及信息优势的金融投资法人机构，主要包括投资基金、养老基金等（王奇波，2006）。

以上两种定义分别从抽象与具体的视角对机构投资者进行了界定，都是从不同的侧面对机构投资者进行的界定，都具有一定的合理性，故本书借鉴了这两种定义，将描述性与列举性结合起来对机构投资者的概念进行界定。本书认为机构投资者是指利用其拥有的专业优势、信息搜集优势以及其他方面的优势将自有资金以及通过募集方式获得的社会公众资金一起进行管理与投资，以实现收益最大化的一种金融机构，具体类型主要包括：投资基金、养老基金等。

一些研究表明，并不是所有的机构投资者都是相同的（Brickley 等，1988；Almazan 等，2005；Chen 等，2005；牛建波等，2013；李争光等，2014、2015），不同性质的机构投资者对公司管理层的监督积极性不同。

机构投资者异质性，是指机构投资者之间由于投资期限以及持股动机的不同而呈现出来的差异性。根据机构投资者异质性的这一定义，本书在考察机构投资者对会计稳健性及其经济后果的影响时，参考借鉴 Elyasiani 和 Jia（2010）、牛建波等（2013）、李争光等（2014、2015）的做法，将机构投资者按其投资期限与持股动机的不同划分为稳定型机构投资者与交易型机构投资者，从这两类不同性质的机构投资者的视角来考察机构投资者异质性。稳定型机构投资者，是指注重对其投资公司的长期关注以及能够主动参与企业的公司治理、监督企业管理层的行为的机构投资者。交易型机构投资者，是指对上市公司的持股具有明显的投机性，总是寄希望于根据股票价格上下波动来获得短期利益的机构投资者。

### 1.4.3 股权融资成本

股权融资成本，是指公司开展的一项投资为了达到股东或投资者的要求而必须赚取的最小风险调整收益率（Indjejikian，2007）。Lambert 等

(2007)将权益资本成本定义为公司股票的预期回报率,通过构建与资本资产定价模型(CAPM)一致的模型来度量公司的股权融资成本。姜付秀和陆正飞(2006)、姜付秀等(2008)也采用了资本资产定价模型(CAPM)来度量股权融资成本。本书的实证研究部分也借鉴了 Lambert 等(2007)、姜付秀等(2006、2008)的做法,将股权融资成本定义为公司股票的预期回报率,并采用资本资产定价模型(CAPM)来度量公司的股权融资成本。

### 1.4.4 投资效率

投资效率,是指企业的投资活动形成的资源配置状态,是为企业带来的经营业绩和企业价值的提升状况。在新古典经济学框架下,最优的投资是指公司管理层将资金进行投资,直到投资的边际报酬等于零为止(Tobin, 1969; Hayashi, 1982)。由于"两权"分离导致的信息不对称与代理问题的存在,公司管理层为了追求自身利益,经常会做出背离最优投资决策的行为,即导致投资的非效率行为。投资的非效率行为有两种表现形式:过度投资和投资不足。过度投资,是指超过维持资产原有状态和预期净现值为正的新投资之外的投资支出(Richardson, 2006)。投资不足,是指在企业出现充足的现金流的情形下,公司管理层出于自身效用考虑,而放弃一些预期净收益大于零的投资项目,从而导致损害股东利益的行为(Myers 和 Majluf, 1984)。本书的实证研究部分借鉴了 Richardson(2006)、Myers 和 Majluf(1984)的观点,从过度投资、投资不足两个视角来反映公司的投资效率。

## 1.5 研究方法

本书运用了多种研究方法,具体包括规范分析法、实证分析法。在规范分析部分，本书通过运用归纳法、演绎法对机构投资者、会计稳健性、机构投资者与会计稳健性等领域的文献进行全面的回顾与述评，提出本书的研究问题；分析机构投资者需要会计稳健性的理论基础；阐述会计稳健性对股权融资成本、过度投资、投资不足产生影响的作用机理和逻辑基础，进而为检验机构投资者整体持股比例、机构投资者异质性对会计稳健性的影响以及机构投资者异质性对会计稳健性经济后果的影响提供理论支持。在实证检验部分，本书运用累计非经营性应计利润的负数度量了公司的会计稳健性水平，考察了机构投资者整体持股比例、稳定型机构投资者与交易型机构投资者等不同性质的机构投资者对会计稳健性的影响；在此基础上，进一步考察了机构投资者异质性对会计稳健性与股权融资成本、过度投资、投资不足之间关系的影响。

## 1.6　研究的改进与主要创新

第一，丰富和拓展了会计稳健性与股权融资成本之间关系领域的文献。已有文献主要考察了会计稳健性与股权融资成本之间的关系（Guay 和 Verrecchia，2007；Suijs，2008；Lambert 等，2007、2012；LaFond 和 Watts，2008；Li，2009；Lara 等，2011；张圣利，2012；毛新述，2009），但尚未有文献考察机构投资者异质性对会计稳健性与股权融资成本之间关系的影响。本书基于机构投资者异质性视角，考察了与交易型机构投资者相比，稳定型机构投资者对会计稳健性与股权融资成本之间关系的影响，从机构投资者异质性视角丰富和拓展了会计稳健性与股权融资成本之间关系领域的研究。

第二，丰富和拓展了会计稳健性与投资效率之间关系领域的文献。已有文献考察了会计稳健性与投资效率之间的关系（如 Ball，2001；Ball 和 Shivakumar，2005；陶晓慧和柳建华，2010；Leuz，2001；Watts，2003；Guay 和 Vierrecchia，2006；Roychowdhury，2010；王宇峰和苏逡妍，2008；孙刚，2010），但尚未有文献考察机构投资者异质性对会计稳健性与投资效率之间关系的影响。本书基于机构投资者异质性视角，考察了与交易型机构投资者相比，稳定型机构投资者对会计稳健性与过度投资、会计稳健性与投资不足之间关系的影响，从机构投资异质性视角丰富和拓展了会计稳健性与投资效率之间关系领域的研究。

第三，丰富和拓展了会计稳健性影响因素研究领域的文献。已有文献主要从股东、债权人、管理层、供应商、消费者等利益相关者视角考察会计稳健性的影响因素（如 Ball，2001；Watts，2003；Beekes 等，2004；Ahmeda 和 Duellman，2007；LaFond 和 Roychowdhury，2008；Xia 和 Zhu，2009；Cullinana 等，2012；董红星，2009；修宗峰，2008），鲜有文献考察机构投资者对会计稳健性的影响。本书基于机构投资者异质性视角，考察了机构投资者以及不同性质的机构投资者对会计稳健性的影响，丰富和拓展了 Watts（2003）所提出的会计稳健性产生原因的契约理论，提供了机构投资者与会计稳健性之间关系研究的新视角。

第四，丰富了机构投资者异质性经济后果领域的相关研究。已有文献主要从自愿性信息披露、企业绩效等视角考察机构投资者异质性的经济后果（牛建波等，2013；李争光等，2014），本书考察了机构投资者异质性对会计稳健性的影响，从而丰富了机构投资者异质性经济后果领域的文献。

# 第 2 章

# 文献综述

## 2.1　会计稳健性

会计稳健性成为一项重要的会计原则已经有了几百年的历史（Basu，1997；Watts 和 Zimmerman，1986）。会计稳健性在传统上被定义为，"不提前确认任何不确定的收益，不推迟确认所有可能的损失"（Bliss，1924；李远鹏，2006）。Wolk 等（1989）、Davidson 等（1985）、Stickney 和 Weil（1994）将会计稳健性定义为："选择能够通过缓速确认收入、快速确认费用，减速资产估值、低估资产、高估负债等方式使得累计报告的盈余最小的各项会计原则。"在实证研究文献中，会计稳健性被定义为：对收益与损失进行非对称确认，即确认坏消息比确认好消息更加及时，从而低估企业的净资产。因此，对经济信息的非对称确认导致了损失在财务报告中得到更加及时的确认。期末存货的成本与市价孰低法、资产减值会计准则是稳健性会计的两个具有代表性的例子。会计稳健性作为会计信息质量的一项重要特征，一直以来都是学术界关注的焦点。国内外学者主要围绕会计稳健性产生的原因、会计稳健性的影响因素、会计稳健性的度量办法、会计稳健性的经济后果四个领域进行了大量富有建树的研究。

### 2.1.1　会计稳健性产生的原因

关于会计稳健性产生的原因，学术界已经基本达成了共识，他们认为契约、诉讼、监管与税收成本是会计稳健性产生的四种主要原因（Watts，2003）。契约解释表明了会计稳健性能够抑制公司管理层采用激进的会计行为，因此降低了契约中使用会计数据的投资者的潜在损失，这说明了会计稳健性改善了契约签订的效率。正如 Kellogg（1984）所说，与低估会计数据相比，公司与审计师可能因为夸大财务数据而被起诉，公司会因为被起诉而承担与此相关的成本,审计师事务所也会通过增加审计费用（Pratt 和 Stice,1994）、出具非标审计意见或者终止与高风险审计客户的业务关系（Krishnan 和 Krishnan,1997）等方式将诉讼成本转嫁给企业,因此,诉讼是会计稳健性产生的原因之一。在监管假设下,为了避免委托人的指责,会计准则制定者与监管者有动机满足委托人的需求。因此,如果委托人需要会计稳健性,那么监管者也趋向于对会计稳健性产生需求；同时会计准则的制定者与监管者对公司施加的监管成本也是会计稳健性产生的原因。Shackelford 和 Shevlin（2001）总结了会计和税收之间的两种关系：第一,税收最小化战略为了使会计和税收保持一致而经常导致账面利润降低；第二,由于公司关注较大的会计和税收差异,当公司降低应纳税所得额时,他们也选择降低公司账面利润。由于会计和税收之间存在着这种关系,故税收成本也是会计稳健性产生的一个主要原因。

### 2.1.2 会计稳健性的影响因素

自 Basu（1997）构建了度量会计稳健性的反向回归模型后,国内外大量学者主要从股东、债权人、职工、供应商、消费者等利益相关者以及管理层薪酬与会计业绩敏感性、政治关联、产权性质、管理层过度自信、管理层特征、内部控制质量、货币政策、税收负担、审计师财务专长、信息不对称等视角考察了会计稳健性的影响因素。

1. 股东对会计稳健性的影响

关于这一问题,国内外研究文献主要有两种观点：一种观点是股东需要会计稳健性。Ball（2001）、Watts（2003）研究发现股东需要会计稳健性,他们认为会计稳健性可以影响公司管理层的投资决策以及抑制公司管理层虚夸收益的能力和动机,从这个角度上说会计稳健性可以缓解股东与公司管理层的代理冲突,故他们得出股东需要会计稳健性的研究结论。

另一种观点是不同类型的股东对会计稳健性的需求存在差异。后续研究者似乎对 Ball（2001）、Watts（2003）提出的股东需要会计稳健性的观点发生了质疑，他们认为 Ball（2001）、Watts（2003）从会计稳健性能够缓解代理冲突、降低信息不对称程度的视角得出股东需要会计稳健性的结论可能有失偏颇，因为公司存在众多不同类型的股东，如大股东与小股东、内部股东与外部股东、机构股东与个人股东，由于信息不对称以及监督成本的存在，并不是每一种类型的股东都关注会计稳健性。Beekes 等（2004）、Ahmeda 和 Duellman（2007）、LaFond 和 Roychowdhury（2008）、Xia 和 Zhu（2009）、Cullinana 等（2012）、董红星（2009）、修宗峰（2008）等进一步考察了不同类型的股东对会计稳健性的需求。

Beekes 等（2004）、Ahmeda 和 Duellman（2007）、LaFond 和 Roychowdhury（2008）、Xia 和 Zhu（2009）采用董事会的独立性与外部董事的监督能力度量了公司的董事会特征，在此基础上考察了董事会特征对会计稳健性的影响，研究发现内部股东持股比例、外部股东持股比例分别与会计稳健性负相关、正相关。Xia 和 Zhu（2009）、Cullinana 等（2012）、董红星（2009）在中国的背景下，从大股东持股视角考察了会计稳健性的影响因素，研究发现大股东持股与会计稳健性之间显著负相关。修宗峰（2008）研究发现股权集中度越高，公司的会计稳健性水平越低；股权制衡度越高，公司的会计稳健性水平越高。Ramalingegowda 和 Yu（2012）认为机构投资者由于拥有足够多的专业人才以及具有相应的专业胜任能力，如果稳健的财务报告能够提供治理利益，那么与个人投资者相比，机构投资者则更能理解和评估这种治理利益，因此，从这个角度讲，机构投资者更需要从企业管理层那里获得稳健的财务报告。有研究发现机构投资者持股比例越高，其越有动力去监督企业管理层，从而公司的会计稳健性水平越高。

上述文献给本书的启示是在考察股东是否需要会计稳健性的过程中对公司的股东类型进行细分，以确保研究结论的稳健性。

2. 债权人对会计稳健性的影响

关于债权人对会计稳健性的影响问题，国内外研究文献主要有两种观点：一种观点是债权人需要会计稳健性。例如，Watts（2003）、Basu

（1997）认为当债权人预期到损失时，他们会需要更加稳健的财务报告。Ball 等（2008）、Kothari 等（2009）认为会计稳健性可以通过迅速将重要的决策权从亏损公司转移给贷款人而防止公司财富被侵占，保护贷款人利益，因此债权人需要会计稳健性来确保债务契约的有效履行，从而保护自身利益不受损害。Nikolaev（2010）以 5000 个发行债券的公司为研究对象，检验了是否公共债务契约中的条款越多，公司在会计盈余中确认损失越及时，研究发现公共债务契约中的条款越多，公司的会计稳健性水平越高。Xia 和 Zhu（2009）研究发现公司财务杠杆越高，公司的会计稳健性水平越高；他们同时借鉴了 Bushee（2001）、Brickley（1988）的研究，将长线型机构投资者与独立型机构投资者（与企业没有商业关系的机构投资者）看作监督型机构投资者，进一步考察了监督型机构投资者对会计稳健性的影响，研究表明监督型机构投资者更加需要会计稳健性。

另一种观点是不同类型的债权人对会计稳健性的需求存在差异。例如，Chen 等（2010）利用中国独特的制度背景检验了借款人与贷款人的国有股权性质与会计稳健性之间的关系，研究发现若企业从国有银行贷款的比例越高，则该企业的会计稳健性水平越低。

3. 其他利益相关者对会计稳健性的影响

除了股东和债权人以外，国内外文献还从供应商、消费者与职工等视角考察了会计稳健性的影响因素。

Hui 等（2012）考察了供应商、消费者等利益相关者对会计稳健性的影响，研究发现当供应商与消费者具有较强的讨价还价能力时，公司确认损失更加及时，即公司的会计稳健性水平越高，该研究结论也支持了契约是会计稳健性产生的一种重要原因的观点。沈永建等（2013）认为职工薪酬契约也是公司契约的重要的组成部分，为此他们考察了职工薪酬对会计稳健性的影响，实证研究结果表明，公司职工的薪酬越高，其会计稳健性水平也越高。该研究拓宽了已有文献对契约是会计稳健性产生原因的认识，也让我们清晰地认识到公司会计稳健性水平是公司各利益相关者相互博弈的结果。

除了从利益相关者视角考察会计稳健性的影响因素以外，国内外文献还从管理层薪酬与会计业绩敏感性、政治关联、产权性质、管理层过度自信、管理层特征、内部控制质量、货币政策、税收负担、信息不对称等视角考察了会计稳健性的影响因素。Iyengar 和 Zampelli（2010）检验了管理层薪酬与会计业绩敏感性对会计稳健性的影响，研究发现管理层薪酬与会计业绩敏感性越强的公司，其会计稳健性水平也越高。陈艳艳等（2013）以地方上市公司数量、上市公司对地方经济的影响力作为政治联系的代理变量检验了政治关联对会计稳健性的影响，研究发现政治关联越强的公司，其会计稳健性水平越低。Ahmed 和 Duellman（2013）、孙光国和赵健宇（2014）等研究发现 CEO 过度自信与公司会计稳健性水平之间呈显著负相关关系。Xia 和 Zhu（2009）认为国有企业的政治担忧与压力大于民营企业，故与民营企业相比，国有企业的会计稳健性水平更高；然而 Chen 等（2010）、朱茶芬和李志文（2008）却发现国有企业的会计稳健性水平低于非国有企业的会计稳健性水平。刘永丽（2014）、张兆国等（2011）检验了管理者背景及特征对会计稳健性的影响。方红星和张志平（2012）、徐虹等（2013）考察了内部控制质量与会计稳健性之间的关系，研究发现内部控制质量与公司会计稳健性水平之间显著正相关。饶品贵和姜国华（2011）考察了货币政策波动对会计稳健性的影响，研究发现货币政策进入紧缩期，公司的会计稳健性水平更高。周泽将和杜兴强（2013）研究发现税收负担与公司会计稳健性水平之间正相关。Krishnan 和 Visvanathan（2008）以美国标准普尔的 500 家公司作为研究样本，考察了审计师的财务专长对会计稳健性的影响，他们研究发现审计师的财务专长与公司会计稳健性水平正相关，同时他们也发现审计师的财务专长与会计稳健性水平正相关的结论仅在被审计公司具有有效的公司治理的情形下才存在。LaFond 和 Watts（2008）研究发现公司内部股东与外部股东之间的信息不对称程度与公司会计稳健性水平之间正相关，同时他们还证实是信息不对称导致了会计稳健性的出现，反之则不成立。

表 2-1 列示了会计稳健性影响因素的主要研究成果。

表 2-1　　　　　会计稳健性影响因素主要研究成果汇总

| 研究视角 | 研究者 | 主要研究结论 |
| --- | --- | --- |
| 股东 | Ball（2001）、Watts（2003） | 在存在代理问题的情形下，稳健的财务报告能够有利于股东与公司管理层之间契约的有效履行，股东需要会计稳健性 |
| | Beekes 等（2004）、Ahmeda 和 Duellman（2007）、LaFond 和 Roychowdhury（2008）、Xia 和 Zhu（2009） | 内部股东持股比例（-）、外部股东持股比例（+） |
| | Xia 和 Zhu（2009）、Cullinana 等（2012）、董红星（2009） | 大股东持股比例（-） |
| | Ramalingegowda 和 Yu（2012） | 机构投资者持股比例（+）、监督型机构投资者（+） |
| | 修宗峰（2008） | 股权集中度（-）、股权制衡度（+） |
| 债权人 | Watts（2003）、Basu（1997）、Ball 等（2008）、Kothari 等（2009） | 债权人需要会计稳健性来确保债务契约的有效履行，从而保护自身利益不受损害 |
| | Nikolaev（2010） | 公共债务契约中的条款（+） |
| | Xia 和 Zhu（2009） | 财务杠杆（+） |
| | Chen 等（2010） | 国有银行贷款比例（-） |
| 其他利益相关者 | Hui 等（2012） | 供应商、消费者讨价还价能力（+） |
| | 沈永建等（2013） | 职工薪酬（+） |
| 其他因素 | Iyengar 和 Zampelli（2010） | 管理层薪酬与会计业绩敏感性关联性（+） |
| | Xia 和 Zhu（2009） | 国有企业（+） |
| | Chen 等（2010）、朱茶芬和李志文（2008） | 国有企业（-） |
| | 饶品贵和姜国华（2011） | 货币政策紧缩（+） |
| | 周泽将和杜兴强（2013） | 税收负担（+） |
| | 陈艳艳等（2013） | 政治关联程度（-） |
| | Ahmed 和 Duellman（2013）、孙光国和赵健宇（2014） | CEO 过度自信（-） |
| | 方红星和张志平（2012）、徐虹等（2013） | 内部控制质量（+） |
| | Krishnan 和 Visvanathan（2008） | 审计师财务专长（+） |
| | LaFond 和 Watts（2008） | 信息不对称程度（+） |

注："+"表示变量与会计稳健性呈正相关关系；"-"表示变量与会计稳健性呈负相关关系。

## 2.1.3 会计稳健性的度量方法

开展会计稳健性实证研究的前提是能够合理地度量公司的会计稳健性水平，综观国内外文献，不难发现学术界主要采用反向回归模型（Basu，1997）、应计现金流模型（Ball 和 Shivakumar，2005）、盈余反转模型（Ball 和 Shivakumar，2005）、C – Score 模型（Khan 和 Watts，2009）、累计非经营性应计利润（Givoly 和 Hyan，2000）、市账比（Stober，1996）等来度量公司的会计稳健性水平，由于各种模型是在会计稳健性研究的不同发展阶段提出的，故下面简要介绍一下以上模型。

1. 反向回归模型

Basu（1997）提出的反向回归模型是指使用分段的线性回归模型，采用会计利润作为因变量，采用股票收益率作为自变量进行反向回归以对会计稳健性进行度量。反向回归模型提出后，掀起了会计稳健性实证研究的热潮，大量的学者采用反向回归模型对会计稳健性领域的话题进行研究并取得了许多卓有建树的成果，但是也有一些学者对反向回归模型提出了质疑。例如，Dietrich 等（2003）认为反向回归模型有两个缺陷：一是采用资本市场的股票收益率作为自变量来解释公司的会计盈余数据存在不解之处；二是反向回归模型的分段回归在正向、负向股票回报率样本存在较大差异的情况下，可能会导致会计稳健性的度量存在偏差。Givoly 等（2006）认为反向回归模型仅考虑了好消息与坏消息对会计稳健性的不同影响，未考虑企业的其他经济事件对盈余反映坏消息比好消息更加及时的差异性的影响，故稳健性的度量存在偏误。

Ball 和 Shivakumar（2005）认为 Basu 的反向回归模型存在以下两点缺陷：第一，Basu 模型无法从应计利润的误差项以及各种类型的盈余管理中区分出盈余中的暂时性收益或者损失。第二，Basu 模型仅能识别出暂时性收益或者损失的存在性，但无法识别收益与损失的确认是否及时或不及时。除此之外，Basu 模型采用股票收益率这一指标作为经济收益与经济损失的代理变量，但是非上市公司没有股票收益率这一数据，故该模型并不适用于所有公司。

**2. 应计现金流模型**

由于 Basu 的反向回归模型存在上述两个潜在的缺陷，Ball 和 Shivakumar（2005）在参考借鉴反向回归模型（Basu, 1997）的基础上，利用应计利润能够降低经营活动现金净流量中的噪音以及对损失进行更加及时确认的两个功能，提出了会计稳健性度量的另外两个模型：应计现金流模型和盈余反转模型。

应计现金流模型主要是以公司的经营活动现金净流量作为好消息与坏消息的代理变量，当公司的经营活动现金净流量为负值时，则认为是坏消息；反之，则认为是好消息，在此基础上通过分段线性回归模型检验应计利润与经营活动现金净流量的关系来度量公司的会计稳健性。

应计现金流模型具有两个优点：其一是应计利润能够减轻经营活动现金流的噪音；其二是能够降低未实现利得和损失确认的非对称性。

**3. 盈余反转模型**

Ball 和 Shivakumar（2005）在提出应计现金流模型的同时，也提出了盈余反转模型。该模型中的自变量是利润的变动额，具有两个优点：一是利润变动提供的矫正模型设定能够识别暂时性的利润变动；二是模型中的增量系数在变动模型设定中更不容易受到生存偏差的影响，因为与盈余为正和负的样本相比，生存频率在盈余变动为正和负的样本中更为相似。

**4. C – Score 模型**

由于反向回归模型、应计现金流模型以及盈余反转模型都不能够估计出公司层面的会计稳健性水平。许多学者都表达了需要公司层面的会计稳健性水平以反映会计稳健性水平变动的及时性与行业内公司会计稳健性水平的波动数据，以满足其更好地开展会计稳健性领域的研究。在此背景下，Khan 和 Watts（2009）创建了度量公司年度会计稳健性水平的 C – Score 模型。

该模型对 Basu（1997）的模型进行了年度横截面回归，通过回归获得盈余及时性的非对称系数，将其作为公司特征的线性函数。该模型选择的公司特征包括公司规模、市账比、资产负债率；公司年度会计稳健性水平得分 C-Score 通过将公司规模、市账比、资产负债率放进年度回归方程而计算得到。Khan 和 Watts（2009）认为这些特征不论是从理论角度上讲，还是从实证角度上讲，都会影响公司的会计稳健性。

虽然 C-Score 模型的创建解决了公司层面的会计稳健性水平的度量问题，但其仍旧存在以下问题：一是如果在多元回归模型中以 C-Score 作为自变量时可能会存在遗漏变量问题，回归模型中可能会遗漏与 C-Score 相关的重要变量；二是由于 C-Score 模型的构建并不是为了解决分析模型中的均衡条件，所以 C-Score 得分也许并不是公司层面会计稳健性水平的最优度量方法；三是 C-Score 主要由 Watts（2003）提出的四个美国会计稳健性的决定因素估算得出，由于美国的制度背景与其他国家存在着很大的差异，C-Score 模型也许并不是除美国之外的其他国家的公司层面会计稳健性水平的合适度量办法。

5. 累计非经营性应计利润

根据 Wolk 等（1989）、Davidson 等（1985）、Stickney 和 Weil（1994）等对会计稳健性的概念所作出的界定，Givoly 和 Hyan（2000）提出采用累计非经营性应计利润的大小和符号可以判断公司会计稳健性水平的高低。应计利润趋于反转，即如果某一期间净利润超过（低于）经营活动现金流，那么下一期将被预期出现负向（正向）应计利润。对于一个处于稳定状态的公司来说，他们预期到折旧与摊销前的累计净利润从长远来看一定会收敛于经营活动现金流。在其他条件不变的前提下，公司较长时间内的负向非经营性应计利润可以成为会计稳健性的标志，而负向的非经营性应计利润的累计速度是会计稳健性随时间推移发生的变动程度的标识。

6. 市账比

Stober（1996）提出采用公司股权市场价值与股权账面价值的比率作为会计稳健性水平的代理变量。在其他条件不变的前提下，若该指标大于1，表明会计稳健性水平高，如果这一比率随着时间推移而增加，这表明财务报告稳健性的程度在提高。采用市账比这一指标度量公司的会计稳健性水平存在的问题在于：该指标容易受到资本市场股价波动的影响。

上述文献回顾了实证研究中广泛使用的六种度量公司会计稳健性的方

法，通过对各种度量方法的回顾可以发现，反向回归模型、C – Score 模型以及市账比等度量方法存在许多的缺陷与问题，本书在后续研究过程中主要采用累计非经营性应计利润的负数、应计现金流模型、盈余反转模型来度量公司的会计稳健性。

### 2.1.4 会计稳健性的经济后果

国内外学者主要从企业的融资成本与投资效率两个视角来对会计稳健性的经济后果进行考察。会计稳健性与融资成本领域的研究主要关注会计稳健性对债务融资、权益融资的影响。会计稳健性与投资效率领域的研究主要关注会计稳健性对过度投资、投资不足的影响。

1. 会计稳健性对债务融资的影响

Watts（2003）检验了会计稳健性产生的四种解释，研究发现契约解释是会计稳健性产生的主要原因，契约解释强调诸如债务与管理层薪酬等正式契约。杨华军（2007）认为债务契约是稳健性产生的最主要原因。因此，国内外学者主要通过考察会计稳健性与债务资本成本（Ahmed 等，2002；Li，2009；毛新述，2009；赵自强和顾丽娟，2012）、债务融资效率（Zhang，2008；吴娅玲，2012；张金鑫和王逸，2013）、二级市场交易中的买卖价差（Moerman，2008）、债务契约修订（Beatty 等，2008）、贷款期限（陶晓慧和柳建华，2010）之间的关系来考察会计稳健性对债务融资的影响，并且已有文献的研究结果表明会计稳健性水平越高，公司债务融资的效率越高。

Ahmed 等（2002）、Li（2009）、毛新述（2009）、赵自强和顾丽娟（2012）考察了会计稳健性对债务资本成本的影响，研究发现会计稳健性水平越高，公司债务资本成本越低。

Zhang（2008）、吴娅玲（2012）、张金鑫和王逸（2013）检验了会计稳健性在债务契约中的益处。研究发现借款公司的会计稳健性水平越高，其越可能以较低的利率获得银行贷款，有效缓解公司的融资约束，从而公司的债务融资效率越高。

Moerman（2008）考察了借款人的财务报告质量是否可以降低二级信贷交易市场中的信息不对称程度，研究发现损失的及时确认降低了二级信贷市场交易中的买卖差价，在采用了不同的方法对损失的及时确认进行度量后，损失的及时确认与二级信贷市场交易中的买卖差价之间的负相关关系仍然是稳健的。

Beatty等（2008）认为已有检验贷款人是否需要会计稳健性的文献由于没有考虑契约修订的情形而受到了质疑，为此他们考察了会计稳健性与债务契约修订之间的关系。他们假设债务的代理成本越高，诉讼、税收、股东对会计稳健性的需求越低，公司契约修订的可能性越大，但他们也发现财务报告稳健性与契约修订之间存在正相关关系，这说明了契约修订不可能完全实现贷款人对会计稳健性的需求。

陶晓慧和柳建华（2010）从债务期限角度考察了会计稳健性在债务契约中的作用，研究发现债务人与债权人之间的信息不对称程度与债权人向债务人发放贷款的期限之间呈负相关关系，会计稳健性水平高的公司可以获得较长期限的贷款。

2. 会计稳健性对权益融资的影响

关于会计稳健性对权益融资的影响，国外研究文献已经得出了一致的结论，即会计稳健性水平越高，公司的股权融资成本越低。例如，Guay和Verrecchia（2007）、Suijs（2008）在其研究中指出，由于投资者对非精确的信息信号的关注较少，信息结构的不确定性导致了风险溢价的出现，在这种情形下，信息的充分披露降低了未来现金流预期的不确定性，从而降低股权融资成本。Lambert等（2007，2012）研究发现公司管理层通过改善会计信息质量，增加了资本市场参与者评估公司未来现金流量的准确性，从而降低了股权融资成本。Li（2009）、Lara等（2011）研究发现条件稳健性与股权融资成本负相关。

国内研究会计稳健性对权益融资影响的文献较少，且尚未取得一致结论。张圣利（2012）研究发现会计稳健性与公司权益资本成本之间显著负相关。梁上坤等（2012）考察了会计稳健性对股权再融资行为的影响，研究发现会计稳健性水平越高的公司进行股权再融资的可能性越大，再融资费用率和再融资金额也越低。毛新述（2009）考察了会计稳健性对事前权益资本成本和事后权益资本成本的影响，也未获得一致的研究结论。

**3. 会计稳健性对投资效率的影响**

对于这一问题，国外文献认为会计稳健性对投资效率的影响体现了"双刃剑"效应。一方面会计稳健性抑制了过度投资。例如，Ball（2001）、Ball 和 Shivakumar（2005）认为会计稳健性能够约束公司管理层的机会主义行为，降低与过度投资有关的代理成本，从而能够起到抑制过度投资的作用；另一方面会计稳健性也导致了投资不足现象的出现。例如，Leuz（2001）、Watts（2003）、Guay 和 Vierrecchia（2006）、Roychowdhury（2010）认为会计稳健性会使公司管理层出于声誉与薪酬考虑，主动放弃一些能够给企业带来价值增值的投资项目，从而导致公司出现投资不足的现象。

国内学者对这一问题的研究也尚未形成一致结论。王宇峰和苏透妍（2008）研究发现，虽然会计稳健性在公司投资机会下降时提高了投资效率，但他们没有发现在公司投资机会上升时会计稳健性对投资效率有正向影响。陶晓慧和柳建华（2010）研究发现会计稳健性与过度投资之间显著负相关。而孙刚（2010）研究发现会计稳健性可以抑制无效投资，他们还按照企业性质对样本进行了分组，以考察不同产权性质下会计稳健性对投资效率的影响，研究结论是：与非国有企业相比，国有企业的会计稳健性水平越高，投资不足现象出现的可能性越小，但其对过度投资行为的影响较弱。

表2-2列示了会计稳健性经济后果的主要研究成果。

**表2-2　　　　会计稳健性经济后果主要研究成果汇总**

| 研究视角 | 研究者 | 主要研究结论 |
| --- | --- | --- |
| 债务融资 | Ahmed 等（2002）、Li（2009）、毛新述（2009）、赵自强和顾丽娟（2012） | 债务资本成本（-） |
| | Zhang（2008）、吴娅玲（2012）、张金鑫和王逸（2013） | 借款利率（-）、融资约束（-） |
| | Moerman（2008） | 二级信贷市场的买卖价差（-） |
| | Beatty 等（2008）、陶晓慧和柳建华（2010） | 债务契约修订（+）、贷款期限（+） |

续表

| 研究视角 | 研究者 | 主要研究结论 |
|---|---|---|
| 权益融资 | Guay 和 Verrecchia（2007）、Suijs（2008）、Lambert 等（2007，2012）、Li（2009）、Lara 等（2011）、张圣利（2012） | 股权融资成本（-） |
| | 梁上坤等（2012） | 股权再融资的可能性（+）、再融资费用率（-）、再融资金额（-） |
| | 毛新述（2009） | 没有发现会计稳健性对事前权益资本成本和事后权益资本成本有影响 |
| 投资效率 | Ball（2001）、Ball 和 Shivakumar（2005）、陶晓慧和柳建华（2010） | 过度投资（-） |
| | Leuz（2001）、Watts（2003）、Guay 和 Vierrecchia（2006）、Roychowdhury（2010） | 投资不足（+） |

注："+"表示会计稳健性与变量呈正相关关系；"-"表示会计稳健性与变量呈负相关关系。

## 2.2 机构投资者

学术界对机构投资者领域的研究主要关注两个方面：一是机构投资者的公司治理效应；二是机构投资者的分类。

### 2.2.1 机构投资者的公司治理效应

机构投资者在国内外都得到了迅速的发展，持股比例得到了显著提高，机构投资者已经成为资本市场的大股东，那么机构投资者能否像政府监管机构所预期的那样发挥公司治理作用呢？目前学术界对机构投资者的公司治理效应存在两种观点：

一种观点认为，机构投资者不能够发挥积极的公司治理效应。Graves 和 Waddock（1994）认为，机构投资者持股比例的增加导致了公司竞争力和财务绩效的下降。由于机构投资者的收益是以季度为基础确定的（Fortune，1993；Graves 和 Waddock，1994），他们会追求短期收益，所以这种观点将公司竞争力和财务绩效的下降部分归因为基金经理需要频繁的向外界证明其投资效益不断地得到了提升。作为对机构投资者追求短期收益行为的回应，公司的管理层不会从长远利益的角度考虑管理公司，从而导致公司绩效和竞争力的下降（Johnson 和 Greening，1999）。Woidtke（2002）研究发现，机构投资者整体持股比例并没有与托宾 Q 之间正相关，仅发现机构投资者中的私人养老金基金的持股比例与托宾 Q 正相关。Cornett 等（2004）研究发现，机构投资者持股比例与企业绩效正相关的结论仅在机构投资者与其投资对象不存在商业关系时才成立。Smith（1996）研究发现，在美国仅有加州公共员工退休基金（CalPERS）能够显著提高企业绩效，关于养老基金与企业绩效之间关系的大样本研究尚未得出一致的结论。龙振海（2010）以上市公司要约收购为研究背景，检验了机构投资者与企业价值之间的关系，研究发现由于我国的制度背景与西方发达国家相比存在显著的差异，机构投资者在我国还没有充分发挥积极的治理作用，并不能显著改善持股公司的价值。

另一种观点认为随着机构投资者持股比例的显著增加，与持股比例小的、消极的、信息闭塞的投资者相比，机构投资者能够发挥积极的监督作用。Holderness 和 Sheehan（1988）、Holderness 等（1988）、Brickley 等（1988）、Pound（1991）、Gilson 等（1991）、Hoskisson 等（1994）、Almazan 等（2005）、Chung 和 Zhang（2011）、Aggarwal 等（2011）认为由于机构投资者持股比例较高，其购入与卖出某个公司的股票势必会对该公司的股价产生重大影响，他们的研究结果表明与公司的其他股东相比，机构投资者不仅对其投资公司的财务绩效而且对其投资公司的战略、经营活动产生了更加浓厚的兴趣；更有可能参与公司的决策；更能够发挥积极的监督作用，公司治理结构质量得到了进一步提高。McConnell 和 Servaes（1990）的研究表明，反映企业价值的托宾 Q 与机构投资者持股比例之间存在显著的正相关关系。石美娟和童卫华（2009）研究了股权分置改革背景下机构投资者与企业价值之间的关系，研究发现机构投资者持股比例越高，企业价值越高，并且在股改后期，机构投资者对企业价值的影响得到了显著的提升。杨典（2013）、李争光等（2014）研究发现，机构投资者持股比例与企业盈利能力以及股票市场表现显著正相关。Ferreira 和 Matos（2008）研究发现机构投资者持股比例高的公司，资本性支出较少，表明机构投资者降低了过度投资。Parrino 等（2003）、Aggarwal 等（2011）、Helwege 等（2012）等研究发现机构投资者可以通过积极的监督行为迫使 CEO 变更，他们认为机构投资者可以通过直接影响董事会的决策来达到更换 CEO 的目的，如果经营业绩差的公司没有更换 CEO，那么机构投资者也可以采用卖出其持有的公司股票这种间接方式来对公司施加影响。Hartzell 和 Starks（2003）采用前五大机构股东的持股比例和机构投资者持股比例的赫芬达尔指数作为机构投资者持股的代理变量，考察了机构投资者持股与高管薪酬之间的关系，研究发现机构投资者持股比例与高管业绩薪酬敏感性正相关，与高管薪酬水平负相关，他们为机构投资者持股影响公司高管的薪酬结构提供了直接证据。

由于已有关于机构投资者公司治理效应的文献存在两种截然不同的观点，许多学者都试图从理论上探寻出现这两种不同治理效应的原因，其中比较有代表性的是 Pound（1988）所提出的机构投资者在公司治理过程中能否发挥作用的三种假说，即有效监督假说、无效监督假说和利益合谋假说。有效监督假说，是指机构投资者可以利用其大股东所具备的信息优势、专业优势与人才优势，对公司管理层进行有效的监督，这种有效的监督可以增加公司的价值，机构投资者能从这种监督中获得超过监督成本的利益；如果积极监督的机构投资者对其投资公司的经营绩效或者董事会决策不满意，他们可以通过卖出其持有的股份以及采取积极的策略来向公司管理层施加压力。无效监督假说，是指机构投资者以交易为主要目的，具有短视行为，不干预公司的治理，根据其投资组合平衡的需要来决定持有或卖出股票。利益合谋假说，是指机构投资者与公司管理层为了侵占分散的小股东的利益而进行合谋。例如，投资公司为了获得更多的投资银行业务，通常以牺牲小股东的利益为代价而支持公司的管理层。

表2-3列示了机构投资者公司治理效应的主要研究成果。

表2-3　机构投资者公司治理效应主要研究成果汇总

| 公司治理效应类型 | 研究者 | 主要研究结论 |
| --- | --- | --- |
| 无效公司治理效应 | Waddock（1994） | 公司竞争力（-）、财务绩效（-） |
|  | Woidtke（2002） | 没有发现机构投资者持股与企业价值相关 |
|  | Cornett 等（2004） | 机构投资者持股比例与企业绩效正相关的结论仅在机构投资者与其投资对象不存在商业关系时才成立 |
|  | 龙振海（2010） | 机构投资者在我国还没有充分发挥积极的治理作用，并不能显著改善持股公司的价值 |
| 有效公司治理效应 | Pound（1991）、Gilson 等（1991）、Hoskisson 等（1994）、Almazan 等（2005）、Chung 和 Zhang（2011）、Aggarwal 等（2011） | 与公司的其他股东相比，机构投资者不仅对其投资公司的财务绩效而且对其投资公司的战略、经营活动产生更加浓厚的兴趣；更有可能投票和参与公司的决策；更能够发挥积极的监督作用，公司治理结构质量得到了进一步提高 |
|  | McConnell 和 Servaes（1990）、石美娟和童卫华（2009）、杨典（2013）、李争光等（2014） | 企业价值（+）、企业绩效（+） |
|  | Ferreira 和 Matos（2008） | 过度投资（-） |
|  | Parrino 等（2003）、Aggarwal 等（2011）、Helwege 等（2012） | CEO 变更可能性（+） |
|  | Hartzell 和 Starks（2003） | 高管业绩薪酬敏感性（+）、高管薪酬水平（-） |

注："+"表示机构投资者持股与变量呈正相关关系；"-"表示机构投资者持股与变量呈负相关关系。

## 2.2.2 机构投资者的分类

一些研究表明，并不是所有的机构投资者都是相同的（Brickley 等，1988；Bushee，1998；Almazan 等，2005；Chen 等，2005；Bushee 等，2010；牛建波等，2013；李争光等，2014，2015），不同类型的机构投资者对公司管理层的监督积极性不同。目前，关于机构投资者类型的划分标准主要包括以下六种：

第一，Brickley 等（1988）根据机构投资者是否与被投资公司存在现有的或潜在的商业关系，将其划分为压力非敏感型机构投资者和压力敏感型机构投资者。前者是指那些与上市公司只存在投资关系的机构投资者。一般来说，只有他们才能够坚持自己的投资理念，着眼于长期投资回报，有动力监督管理层，进而获得治理收益；后者是指那些与公司业务存在依赖关系或者说投资及商业关系同时并存的机构投资者。他们通常不想破坏其与被投资公司之间的商业关系，进而往往采取中庸或支持公司管理层决策的态度。

第二，Bushee（1998）在考察机构投资者对公司研发投资活动的影响时，基于机构投资者过去的投资组合交易额、分散化程度、动态交易量等特征，将机构投资者划分为短线型机构投资者、准指数型机构投资者和长线型机构投资者。在此基础上考察了这三种不同类型的机构投资者对公司研发投资活动的影响，研究发现短线型机构投资者的持股比例越高，公司管理层越有可能为了满足短期盈余目标而削减研发支出；长线型机构投资者的持股比例越高，公司管理层越不会为了满足短期盈余目标而削减研发支出；同时该研究并没有发现准指数型机构投资者对研发支出有显著影响。

第三，Almazan 等（2005）认为机构投资者在监督公司管理层的行为方面发挥了重要作用，但并不是所有的机构投资者都能同样发挥这种作用。他们将机构投资者基于监督成本的不同划分为两类：一类是潜在的积极机构投资者；另一类是潜在的消极机构投资者。潜在的积极机构投资者一般拥有专业优势更强的员工，更可能收集信息，面临着较少的监管和法律限制，与其投资对象之间几乎不存在潜在的商业关系，主要包括投资咨询公司和投资公司。潜在的消极机构投资者是与潜在的积极机构投资者相对应的一类机构投资者，主要包括银行信托部门和保险公司。

第四，Chen 等（2007）在成本效益框架内，将机构投资者划分为监督型机构投资者和短期型机构投资者。监督型机构投资者是指持股比例高、投资期限长、与投资公司没有商业关系的机构投资者，该类型的机构投资者将会积极监督公司管理层的行为，并从这种监督中获得收益，他们不关注公司的短期利润。短期型机构投资者是指只注重股票的短期交易，不注重监管其投资公司的机构投资者。

第五，Bushee 等（2010）根据机构投资者对其投资公司治理机制完善的偏好程度，将机构投资者划分为公司治理敏感型机构投资者和公司治理不敏感型机构投资者，研究发现机构投资者整体持股比例并没有影响公司治理机制，只有公司治理敏感型的机构投资者才会偏好公司治理机制好的公司。

第六，牛建波等（2013）借鉴 Elyasiani 和 Jia（2010）对机构投资者稳定性的度量办法，在考察机构投资者类型对自愿性信息披露的影响时，按照投资期限与持股动机的不同，将机构投资者划分为稳定型机构投资者和交易型机构投资者。稳定型机构投资者，是指注重对其投资的公司的长期关注以及能够主动参与企业的公司治理、监督企业管理层的行为的机构投资者，是上市公司的长线型投资者。交易型机构投资者对上市公司的持股具有明显的投机性，总是寄希望于根据股票价格上下波动来获得利益的机构投资者，是上市公司的短线型投资者，这两类机构投资者参与公司治理的积极性不同。他们的研究表明机构投资者整体持股比例越高，公司的自愿性信息披露越充分，进一步分析发现，与交易型机构投资者相比，稳定型机构投资者对公司自愿性信息披露的影响更加显著。李争光等（2014）借鉴了 Elyasiani 和 Jia（2010）、牛建波等（2013）的研究，将机构投资者划分为稳定型机构投资者与交易型机构投资者，在此基础上，考察了机构投资者异质性对企业绩效的影响，研究发现与交易型机构投资者相比，稳定型机构投资者对企业绩效的影响更加显著，研究结果表明机构投资者尤其是稳定型机构投资者发挥了监督作用,能有效地缓解代理冲突,降低信息不对称程度,有利于企业绩效的提升。

## 2.3 机构投资者与会计稳健性

目前,国内外学者主要是从股东、债权人、管理层、供应商以及消费者等角度考察利益相关者对会计稳健性的影响,但研究机构投资者对会计稳健性的影响的文献较少。在为数不多的研究机构投资者与会计稳健性之间关系的文献中,Ramalingegowda 和 Yu(2012)认为机构投资者由于拥有足够多的专业人才以及具有相应的专业胜任能力,如果稳健的财务报告能够提供治理利益,那么与个人投资者相比,机构投资者更有可能理解和评估这种治理利益,因此,从这个角度讲,机构投资者更需要从企业管理层那里获得稳健的财务报告。研究发现机构投资者持股比例越高,其越有动力去监督企业管理层,从而会计稳健性越高;他们同时借鉴了 Bushee(1998)、Brickley(1988)的研究,将长线型机构投资者与独立型机构投资者(与企业没有商业关系的机构投资者)看作监督型机构投资者,进一步考察了监督型机构投资者对会计稳健性的影响,研究表明监督型机构投资者更加需要会计稳健性。张圣利(2012)从机构持股角度研究了会计稳健性对公司权益资本成本的影响,研究发现机构投资者持股比例的提高加剧了会计稳健性与权益资本成本之间的负相关关系,说明机构投资者发挥了积极的公司治理作用。

## 2.4 文献评述

通过对机构投资者、会计稳健性、机构投资者与会计稳健性三大研究领域的文献回顾可以发现，国内外学者关于这三个领域的研究取得了颇有建树的成果，但仍留下了可以进一步深入研究的空间：

（1）国内外文献主要是从利益相关者角度来对会计稳健性的影响因素进行研究的（Ball，2001；Watts，2003；Ahmeda和Duellman，2007；LaFond和Roychowdhury，2008；Cullinana等，2012；Nikolaev，2010；Chen等，2010；沈永建等，2013；Hui等，2012；Iyengar和Zampelli，2010；陈艳艳等，2013；修宗峰，2008；Ramalingegowda和Yu，2012）。例如，上述国内外学者研究的股东、债权人、大股东、管理层持股、供应商、消费者等对会计稳健性的影响都是从企业利益相关者的角度进行的分析。其中，Ball（2001）、Watts（2003）认为股东之所以需要会计稳健性主要有两点理由：一是会计稳健性能够约束公司管理层采用激进的会计行为从事自利行为；二是会计稳健性能够抵消公司管理层较多地报告好消息、较少地报告坏消息的倾向。但是后续研究者认为Ball（2001）、Watts（2003）的观点（股东需要会计稳健性）值得商榷，因为股东可以划分为个人股东、机构股东、内部股东、外部股东等不同的类型，由于交易成本和监督成本的客观存在，并不是每种类型的股东都有能力监督公司管理层的行为以及评估稳健性财务报告，所以他们检验了不同类型的股东对会计稳健性的影响，发现了不同类型的股东对会计稳健性的需求存在差异，例如他们研究发现管理层持股比例、大股东持股比例越高，会计稳健性水平越低；外部股东持股比例越高，会计稳健性水平越高；机构投资者持股比例越高，公司的会计稳健性水平越高。虽然在Ball（2001）、Watts（2003）之后的研究者考察了不同类型的股东对会计稳健性的影响，但鲜有文献关注不同性质的机构投资者对会计稳健性的影响，本书的主要目标是从机构投资者异质性视角考察机构投资者对会计稳健性的影响，检验机构投资者异质性对会计稳健性影响的前提是机构投资者对会计稳健性会产生影响，故本书首先要证明机构投资者对会计稳健性会产生影响，然后才能进一步考察机构投资者异质性对会计稳健性的影响。

（2）国内外文献对机构投资者公司治理效应的研究尚未形成一致结论，其中Brickley等（1988）、Gilson等（1991）、Holderness等（1988）、

Pound（1991）、Almazan 等（2005）、石美娟和童卫华（2009）、Ferreira 和 Matos（2008）、Parrino 等（2003）、Helwege 等（2012）、Hartzell 和 Starks（2003）、杨典（2013）、李争光等（2014）等分别从监督积极性、企业绩效、过度投资、CEO 变更、高管薪酬等角度考察证实了机构投资者具有积极的公司治理效应；Aggarwal 等（2011）则直接考察了机构投资者对公司治理水平的影响，研究发现上一期机构投资者持股比例增加得越多，下一期的公司治理水平越高，反之则不成立。Graves 和 Waddock（1994）、Fortune（1993）、Johnson 和 Greening（1999）、McConnell 和 Servaes（1990）、Cornett 等（2004）、Smith（1996）、龙振海（2010）等主要从公司竞争力、财务绩效、企业价值等视角考察了机构投资者的公司治理效应，研究发现机构投资者没有发挥公司治理效应。究竟为什么机构投资者的公司治理效应会存在截然不同的两种观点呢？Pound（1988）本书认为 Pound（1988）提出的三种假说可以解释不同类型的机构投资者的公司治理效应存在差异的原因，即本书认为在对机构投资者的公司治理效应进行检验时需要对机构投资者进行科学的分类，以检验不同性质的机构投资者的公司治理效应，这样才能够保证研究结论不失偏颇。

（3）机构投资者分类领域的研究文献已经表明机构投资者并不是同质的（Brickley 等，1988；Bushee，1998；Almazan 等，2005；Chen 等，2005；牛建波等，2013；李争光等，2014、2015），不同类型的机构投资者对公司管理层的监督积极性存在差异。如果在考察机构投资者公司治理效应的过程中，不对机构投资者进行分类，那么研究得出的结论可能不稳健。上述关于机构投资者分类研究领域的文献回顾中梳理出了国内外学者从不同角度对机构投资者的六种分类方法，其中国外学者创建的分类方法为五种，国内学者创建的分类方法为一种。通过比较以上机构投资者分类的各种方法，本书认为牛建波等（2013）、李争光等（2014、2015）的分类方法借鉴了 Elyasiani 和 Jia（2010）对机构投资者稳定性的度量办法，考虑了机构投资者的投资期限和持股动机，从时间和行业两个维度度量了机构投资者的稳定性，就我国机构投资者而言，这种分类比较合理且符合我国的国情，故本书借鉴 Elyasiani 和 Jia（2010）、牛建波等（2013）、李争光等（2014、2015）的做法，将机构投资者划分为交易型与稳定型机构投资者，在此基础上考察不同性质的机构投资者对会计稳健性的影响以及对会计稳健性与股权融资成本、会计稳健性与投资效率之间关系的影响。

（4）国内外学者基本上都是从债务资本成本、股权融资成本以及投资效率等角度来研究会计稳健性的经济后果，但是在某些方面尚未形成一致的结论。在 Watts（2003）研究发现契约解释是会计稳健性产生的主要原因后，大量学者考察了会计稳健性对债务资本成本以及债务融资效率的影响且形成了一致的结论，即会计稳健性作为一种公司治理机制，通过提前确认损失，延期确认收益，降低了公司债权人的违约损失，进而降低了债务资本成本与提高了债务融资效率，缓解了企业的融资约束（Ahmed 等，2002；Zhang，2008；Ball 和 Shivakumar，2005；吴娅玲，2012；张金鑫和王逸，2013；赵自强和顾丽娟，2012；陶晓慧和柳建华，2010；毛新述，2009）。关于会计稳健性对权益资本成本影响领域的文献尚未形成一致的结论。Guay 和 Verrecchia（2007）、Suijs（2008）、Lambert 等（2007、2012）、Li（2009）、Lara 等（2011）、梁上坤等（2012）、张圣利（2012）研究发现会计稳健性水平越高，权益资本成本越低。毛新述（2009）从事前权益资本成本、事后权益资本成本视角考察了会计稳健性的经济后果，但却没有发现会计稳健性对事前权益资本成本以及事后权益成本有影响。学术界主要从过度投资、投资不足两个角度来考察会计稳健性对投资效率的影响，研究结论表明会计稳健性是一把"双刃剑"，其在利用及时确认坏消息、延期确认好消息的方式抑制公司过度投资行为的同时（Ball，2001；Ball 和 Shivakumar，2005；王宇峰和苏逶妍，2008；陶晓慧和柳建华，2010；孙刚，2010），也会因为低估了公司的净资产和盈利能力，使公司的融资能力受到约束，从而导致公司投资不足现象的产生（Leuz，2001；Watts，2003；Guay 和 Vierrecchia，2006；Roychowdhury，2010），但也有一些文献发现会计稳健性并没有提高公司的投资效率（王宇峰和苏逶妍，2008）。

（5）国内外尚未有文献考察机构投资者异质性对会计稳健性经济后果的影响。本书从股权融资成本、投资效率等两个角度考察机构投资者异质性对会计稳健性经济后果的影响,即考察与交易型机构投资者相比,稳定型机构投资者是否能够强化会计稳健性与股权融资成本、会计稳健性与过度投资之间的负相关关系;稳定型机构投资者是否能够缓解会计稳健性与投资不足之间的正相关关系,从而能够提供不同性质的机构投资者在公司治理效应中存在差异的证据,拓宽和深化了会计稳健性经济后果以及机构投资者异质性领域的研究。

# 第 3 章

## 制度背景与理论基础

## 3.1 制度背景

### 3.1.1 会计稳健性的概念由来

1. 会计稳健性的定义

会计稳健性已经影响会计实务与会计理论工作几个世纪（Basu，1997）。15 世纪早期贸易双方的历史记录已经表明中世纪欧洲的会计是稳健的（Penndorf，1930）。Savary（1972）在其一本较早的教科书中讨论了能够体现会计稳健性思想的成本与市价孰低原则。虽然会计稳健性作为一项会计信息质量特征或者会计原则由来已久，但到目前为止，会计稳健性尚缺乏一致的定义。会计稳健性在传统上被定义为，"不提前确认任何不确定的收益，不推迟确认所有可能的损失"（Bliss，1924，李远鹏，2006）。Sterling（1970）认为会计稳健性是会计估值中最重要的原则。Watts 和 Zimmerman（1986）、陈少华等（2006）、王宁（2011）将会计稳健性表述为："当会计人员运用职业判断在会计政策允许范围内对若干个备选方案进行选择时，应选择一个使本期报告盈余最小的方案。"大多数行业的管理人员采用成本与市价孰低的期末存货计价原则的做法进一步说明了稳健性主义的盛行。会计人员遵循稳健性的一个明确的目标就是遏制盲目的乐观主义。

美国财务会计准则委员会（FASB）的概念框架第 2 号将会计稳健性表述为，"对不确定性事项的谨慎反映，尽量确保企业经济事项中所固有的不确定性和风险得到充分的考虑"（Givoly 等，2007）。国际财务报告准则（1989）对会计稳健性的表述与美国财务会计准则委员会（FASB）的表述存在着细微的差异，其在概念框架中这样表述谨慎性："可靠性由于使用了估计判断以及确认与计量经济事项中相关的不确定性而受到了影响，这些不确定性部分地通过披露来解决，部分地通过在编制财务报表的过程中运用谨慎性原则来解决。谨慎性是指在不确定性情形下进行估计和判断时应保持一定程度的谨慎，例如：不高估资产和利润，不低估负债和费用。然而谨慎性这一信息质量特征的运用建立在其他会计信息质量特征发挥作用的基础上，尤其是相关性和财务报表中交易的如实反映等会计信息质量特征作用的发挥。谨慎性不允许故意高估负债或者费用，故意低估费用或者利润，因为如果这样做，会计报表将不再保持中立，可靠性这一信息质量特征也将受到影响。"

在实证研究中，会计稳健性被定义为：对收益与损失进行非对称确认，即确认坏消息比确认好消息更加及时，从而低估企业的净资产（Basu，1997；Holthausen 和 Watts，2001；Givoly 等，2007；Roychowdhury 和 Watts，2007）。

我国 2006 年 2 月 15 日颁布《企业会计准则——基本准则》（财政部令第 33 号）的第十八条明确规定，谨慎性（又称稳健性）是会计信息质量的八大特征之一，并将稳健性（谨慎性）定义为："对交易或事项进行会计确认、计量和报告应当保持应有的谨慎，不应高估资产或者收益、低估负债或者费用。"

如第 1 章所述，本书接受 Basu（1997）、Holthausen 和 Watts（2001）、Givoly 等（2007）、Roychowdhury 和 Watts（2007）等在实证研究中所提出的观点，将会计稳健性定义为：对收益与损失进行非对称确认，即确认坏消息比确认好消息更加及时，从而低估企业的净资产。

2. 会计稳健性在我国的现状分析

会计稳健性在我国 2006 年以前颁布的准则中被称之为会计核算的一般原则，在 2006 年 2 月 15 日颁布的《企业会计准则——基本准则》中被称之为会计信息质量特征，从概念上逐步实现了与国际会计准则的趋同。随着我国经济发展过程中新事物的不断出现和会计准则的不断完善，会计稳健性的内涵也得到不断丰富。

财政部 1992 年颁布，1993 年 7 月 1 日起实施的《企业会计准则》的第二章第十八条首次表述了会计稳健性的概念："会计核算应当遵循谨慎原则的要求，合理核算可能发生的损失和费用。"从此，会计稳健性作为会计核算的一般原则在我国企业会计准则中确立了起来。

随着市场经济的发展，会计核算业务越来越复杂，为了准确核算、完整地提供会计信息，财政部修订了1992年颁布的《企业会计准则》，于2000年颁布了《企业会计制度》，在《企业会计制度》的第一章第十一条规定了会计核算过程中应遵循的13个原则，其中第12个会计原则将会计稳健性表述为："企业在进行会计核算时，应当遵循谨慎性原则的要求，不得多计资产或收益、少计负债或费用，但不得计提秘密准备。"从2000年《企业会计制度》对会计稳健性的表述中可以看出，与1992年《企业会计准则》中会计稳健性的定义相比，更加准确地把握了会计稳健性的实质：不得多计资产或收益、少计负债或费用。至此，我国准则制定机构对会计稳健性的定义已与Bliss（1924）、Watts和Zimmerman（1986）、美国财务会计准则委员会（FASB）的概念框架第2号、国际财务报告准则（1989）等以及国外会计准则制定机构对会计稳健性的表述不存在本质区别。

随着经济全球化的高速发展，世界各国之间的合作更加深入，然而由于不同国家使用不同的会计准则或者会计制度，这就使本国以外的投资者理解本国公司的财务状况、经营成果、现金流量等财务信息以及为跨国公司编制合并财务报表带来了困难。为了降低跨国公司财务报告编制的转换成本，保证会计信息这一通用商业语言在全球范围内易于理解，国际会计准则理事会（IASB）致力于构建一套全球通用的国际会计准则，以实现全球会计准则的趋同。为了实现与国际会计准则的趋同，我国于2006年2月15日颁布了一项基本准则和三十八项具体准则，并于2007年1月1日起实施。2006年颁布的《企业会计准则——基本准则》的第二章第十八条将会计稳健性表述为："企业对交易或者事项进行会计确认、计量和报告应当保持应有的谨慎，不应高估资产或者收益、低估负债或者费用。"2006年颁布的新会计准则与旧会计准则相比，会计稳健性由会计核算的一般原则变成了会计信息质量特征，其概念没有发生本质变化，但新会计准则更加突出了对决策有用观的重视，扩大了公允价值的应用范围，例如在金融资产、投资性房地产等具体会计准则中引入了公允价值计量这一属性,但这并不妨碍会计稳健性在会计准则中的地位。

2005年7月,国际会计准则理事会(IASB)与美国财务会计准则委员会(FASB)提出:"财务报告信息需要保持中立,应不偏不倚地影响经济决策或者经济后果,为了达到这一目标,概念框架中不应该将稳健性或者谨慎性作为会计信息质量特征。然而概念框架中也提出,在面临不确定性的情形下仍需保持应有的谨慎。"由于国际会计准则理事会(IASB)与美国财务会计准则委员会(FASB)认为会计稳健性影响了财务报告信息的中立性,故欲在其即将制定的联合概念框架中取消会计稳健性这一会计信息质量特征。然而学术界却与国际会计准则理事会(IASB)和美国财务会计准则委员会(FASB)的观点不一致,学术界认为会计稳健性作为一项重要的会计信息质量特征有利于股东、债权人等利益相关者以及有利于契约的有效履行,因此他们从债务资本成本、股权融资成本、投资效率等视角检验了会计稳健性的作用,以期影响国际会计准则理事会(IASB)与美国财务会计准则委员会(FASB)这两大准则制定机构作出保留会计稳健性作为会计信息质量特征的决策。尽管已有大量的经验证据表明会计稳健性有助于降低公司管理层与外部投资者之间的信息不对称,能够有效缓解代理冲突,但是目前尚缺乏会计稳健性能影响美国和全世界准则制定机构的理论,所以会计稳健性作为一种会计信息质量特征已经于2010年被国际会计准则理事会(IASB)与美国财务会计准则委员会(FASB)在其联合概念框架中取消了(FASB,2010)。虽然国际会计准则理事会(IASB)与美国财务会计准则委员会(FASB)已经在其概念框架中取消了会计稳健性这一信息质量特征,但会计稳健性依然是我国企业会计准则中的一项重要会计信息质量特征。

## 3.1.2 机构投资者在我国的发展历程

机构投资者在发达国家资本市场上的持股比例远远大于我们国家,发达国家的机构投资者可以凭借手中的投票权对其投资公司施加影响,从而改善其投资对象的公司治理。例如，过去 50 年来，美国的机构投资者在规模和数量上实现了持续的增长，根据美国联邦储蓄委员会的一份调查报告可知，在 1950 年，机构投资者持股比例约为 7%，截至 2004 年年底，机构投资者的持股比例已经增加到了 51%（Chen 和 Li，2007）。Davis（2002）指出，英国的国内机构投资者持股比例已经达到了整个英国资本市场股份总额的 30%—40%；德国、日本、加拿大等国家的机构投资者持股占本国资本市场股份总额的 20% 左右。已有文献研究表明，由于与个人机构投资者相比，机构投资者由于具有专业优势、资金优势和信息优势，并且从监督中获得的收益大于其监督成本，所以机构投资者在促进公司治理实践改革中发挥了特殊的作用（Gillan 和 Starks，2003；Aggarwal 等，2011）。

相对于西方国家的机构投资者发展历程，我国的机构投资者在出现时间上落后于西方国家，在发展的数量和规模上也不及西方发达国家。但随着国家制定的有关机构投资者发展的各项政策和法规的逐步落实，机构投资者的队伍逐步壮大，对公司治理的影响作用日益突出，据《中国证券报》报道，截至 2012 年年底，我国机构投资者的持股比例已达到 17.40%，较 2011 年年底上升 1.73 个百分点①。根据中国证监会网站公布的数据显示，作为中国机构投资者主要代表的基金的数量从 2009 年的 540 只增加至 2013 年的 1541 只，通过图 3-1 可以看出我国基金数量自 2009 年以来逐年增加。

借鉴李彬（2009）、谢魁星和吴姚东（2002）的研究成果，结合我国机构投资者的发展实践以及时代特征，本书认为我国机构投资者的发展大体经历了三个阶段：

---

① 上述数据来源于 2013 年 1 月 9 日的《中国证券报》，标题为"2012 年机构持股市值占比上升 1.73 个百分点"，该报道称：2012 年以来，证监会推出一系列改革创新举措以推动资本市场结构调整，各类专业机构投资者市场份额稳步提升，截至 2012 年年底，包括基金、QFII 等在内的各类专业机构投资者所持 A 股流通市值占比为 17.40%，较 2011 年年底上升 1.73 个百分点，自然人投资者持股占比为 25.33%，下降 1.22 个百分点；企业等一般机构持股占比为 57.28%，下降 0.51 个百分点。2012 年，各类专业机构投资者交易金额占比为 15.19%，上升 1.84 个百分点。网址为：http://news.xinhuanet.com/fortune/2013-01/09/c_124205374.htm。

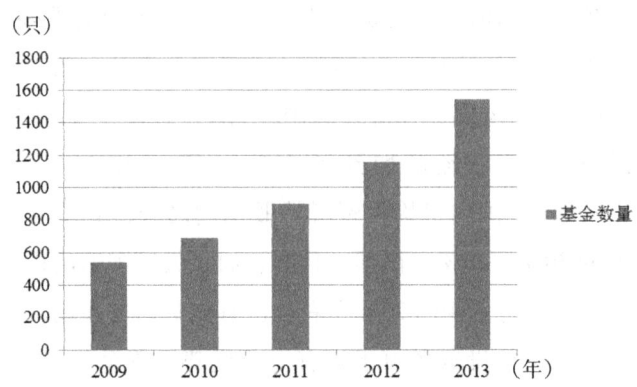

**图 3-1　2009—2013 年基金数量趋势图**

1. 第一阶段为无序发展阶段（1996 年以前）

1993 年在上海证券交易所上市的淄博基金标志着我国首次出现了机构投资者。这一时期机构股东的投资行为、投资策略以及风险管理几乎处于无序状态，与西方发达国家的机构投资者相比，这一阶段我国的基金等机构投资者与资本市场中其他参与主体并没有本质的区别，并不具有现代意义上的共同基金的特征。

2. 第二阶段为政府约束阶段（1996 年至 1999 年 6 月）

1996 年，我国股价快速上涨，一部分原因可能是世界资本市场的股价普遍上涨和国内经济发展水平的提高。但是 1996 年 10 月以后，我国资本市场出现的暴涨现象却是超出正常预期的。《人民日报》发表题为"正确认识当前股票市场"的评论员文章认为机构大户操纵市场、银行违规资金入市、证券机构违规透支、新闻媒介推波助澜、误导误信股民跟风五个方面是导致 1996 年股市非正常暴涨的主要原因。①

为了抑制投资者的过度投机行为，加强监管，规范股票市场，防止出现像美国 1929 年股灾的灾难性局面，证监会自 1996 年 7 月以来先后发布

---

① 上述信息来自 1996 年 12 月 16 日《人民日报》发表的题为"正确认识当前股票市场"评论员文章，该文章对 1996 年 4 月以来我国股票市场出现的非正常和非理性的现象进行了客观分析，指出形成这种股价暴涨现象的五种原因，提醒投资者注意这一不正常的现象，呼吁资本市场的参与者遵守证监会颁布的各项法律法规，防止类似美国 1929 年股灾这一灾难现象的出现，网址为：http://finance.qq.com/a/20100628/004265_1.htm。

了《证券交易所管理办法》等一系列制度规定，并对华银国际信托投资公司、华夏证券有限公司、广东发展银行江门分行、中山证券公司等44家在股票申购过程中发生违规行为的机构处以警告并罚款。由于这一段时间我国股票市场出现了严重的过度投机行为，证监会出台了一系列的法律法规用于约束资本市场参与主体的行为，在此背景下，基金等机构投资者的投资行为也受到了政府的严格监管，这一时期的主要机构投资者包括证券公司、信托公司以及少数民营企业等（谢魁星和吴姚东，2002）。

3. 第三阶段为规范化发展阶段（1999年7月至今）

1999年7月1日，《中华人民共和国证券法》的实施标志着我国机构投资者队伍的发展进入了新的历史阶段。此后，我国机构投资者的发展有了相应的制度保障，政府也放宽了市场准入门槛，逐步允许保险基金购买一定比例的证券投资基金（谢魁星和吴姚东，2002）。

为了抑制中国股市的过度投机行为，我国证监会于2000年做出了超常规发展机构投资者的决策，以便改善我国资本市场中的投资结构，证监会这一政策的出台使得投资基金取得了前所未有的发展。《中华人民共和国证券投资基金法》的颁布和实施为基金的健康快速发展提供了规范的制度空间与巨大发展前景。《开放式基金试点办法》的颁布和实施，预示着开放式基金将成为我国机构投资者队伍中的一员。上海证券交易所（以下简称上交所）与深圳证券交易所（以下简称深交所）的基金指数分别于2000年5月和7月对外发布，标志着基金市场的繁荣和壮大（李维安，2002）。

为了扩大我国资本市场的渐进式开放过程，引进国外中长期的机构投资者，稳定我国的资本市场，2002年11月，我国出台了QFII的管理办法，经过十几年的发展，QFII的数量已经从2003年的12家增加到了2014年8月的266家[①]。

国务院2004年出台的《国务院关于推进资本市场改革开放和稳定发展的若干意见》（国发〔2004〕3号）提出了继续大力发展证券投资基金，培养服从监管、加强自律、规范运作的机构投资者，使机构投资者成为资

---

① 上述数据整理自中国证券监督委员会网页机构名录栏目中的QFII名录，网址为：http://www.csrc.gov.cn/pub/zjhpublic/G00306208/201409/t20140923_260828.htm。

本市场的重要力量。同时还提出要稳步推进股权分置改革,解决非流通股份的流通问题,切实保护投资者的利益。

2005年,证监会根据国发〔2004〕3号文件的精神和要求,下发了我国进行股权分置改革的具体要求和操作办法,从此拉开了我国股权分置改革的序幕,经过两年的改革,截至2007年12月,我国98%的上市公司完成了股权分置工作(石美娟和童卫华,2009)。股权分置改革后,我国中小股东的合法权益得到了更加有力的保障,以基金管理公司和保险公司为主的机构投资者得到了迅速的发展,机构投资者的发展呈现出多元化格局。

虽然我国的机构投资者在国家相关政策的大力扶持下得到了飞速发展,持有上市公司股份的比例得到了极大的提高,但在我国国有股一股独大的独特制度背景下,机构投资者要想真正发挥公司治理效应,促进企业价值提升,除了需要政府为机构投资者的发展扫清制度、机制上的障碍外,还需要继续增加机构投资者对上市公司的持股比例。

## 3.2 理论基础

### 3.2.1 委托代理理论

委托代理理论起源于公司所有权和控制权的"两权"分离,公司所有权与控制权分离的假定最初由Berle和Means(1933)提出,后来由Jensen和Meckling(1976)以及其他一些学者予以继承并进一步发展,已经成为公司治理领域研究的核心。委托代理理论主要处理来源于公司的所有者将企业的资产管理任务委托给经理进行管理而产生的问题。

Jensen和Meckling(1976)将股东(委托人)与公司管理层(代理人)之间的关系称之为代理关系。在代理关系下,委托人将公司的一部分决策权授予代理人。由于公司委托人和代理人之间存在着信息不对称，公司管理层出于自身效用最大化的考虑，可能会采取机会主义行为，很难确保代理人始终按照股东财富最大化的目标行动。为了保证自身效用最大化，委托人会通过建立合适的激励机制和限制代理人从事异常的活动来缓解代理双方之间的利益冲突，但是委托人采取的约束代理人机会主义行为的措施会导致监督成本的发生。此外，在一些情形下，委托人为了保证代理人不做出对其利益产生损害的活动会与代理人签订各种契约，这样就导致了契约成本的产生，从这个角度来说，委托人所能获得的补偿是以发生一定的契约成本为代价的。对于委托人来说，很难在零成本的情况下确保代理人站在委托人的立场做出最优化的决策。在大多数的代理关系中，委托人与代理人之间会存在正向的监督成本和契约成本，同时，如果代理人采取的决策与能够最大化委托人财富的决策之间存在分歧，那么这种分歧所导致的委托人的财富损失就是代理关系成本，Jensen 和 Meckling（1976）将代理关系成本称之为"剩余损失"。

综上可知，Jensen 和 Meckling（1976）认为委托代理关系导致的三种代理成本为：（1）委托人的监督成本。为了确保代理人按照股东财富最大化这一目标开展日常活动，避免代理人偷懒行为的出现，委托人可能会采取直接监督的形式监督代理人，这样就会形成监督成本。（2）代理人的契约成本。委托人除了采取直接监督的方式来监督代理人的行为，还可以与代理人签订薪酬契约、管理层持股、股票期权契约等激励机制来激励代理人按照委托人的目标行事，委托人在与代理人签订契约的过程中发生的谈判成本、消耗的时间、精力等成本被称之为契约成本。（3）剩余损失。如果代理人采取的决策与能够最大化委托人财富的决策之间存在分歧，那么这种分歧所导致的委托人的财富损失就是剩余损失。

## 3.2.2 信息不对称理论

信息不对称是指市场参与的一方比另一方更加清楚一些交易资产的信息。信息不对称理论最初是由 Arrow（1963）提出，后经 Akerlof（1970）

进行进一步解释,目前,信息不对称已经成为财务会计理论中公认的重要概念之一(Scott,2012)。

Akerlof(1970)采用了汽车市场来解释市场中存在的信息不对称现象。他认为"二手车"市场的例子捕捉到了信息不对称的本质。为了清晰地说明信息不对称这一现象,他假定有四种类型的车:新车(好车和坏车)、旧车(好车和坏车)。市场中的个体不知道他们购买的新汽车是好车还是坏车,但是他们却知道购买的新汽车是好车的概率为 $q$,所购买的新汽车是坏车的概率为 $1-q$。假定好车的生产比例为 $q$,坏车的生产比例为 $1-q$。然而,在买方购买使用了一辆特定的汽车一段时间以后,他能够对这辆汽车的质量形成很好的认识,并且现在的估计比最初的估计更加准确。在汽车购买这一过程中,可获得信息的非对称性已经形成,因为与买方相比,卖方对汽车的质量如何更加了解。但由于买方不可能区分出好车与坏车之间的差异,所以好车与坏车可以按照同样的价格进行出售,这就导致了逆向选择问题,因为卖方意欲将一辆坏车(也称"一个柠檬")带进市场,尽可能利用这种内部信息来获取优势。逆向选择存在的情形下,好车的主人就不愿意在市场上出售他的车,因为好车只能按照坏车的价格出售。换句话说,旧车市场无法有效运转,导致坏车驱逐好车,从而整个市场只剩下坏车。

信息不对称会导致道德风险和逆向选择的产生。道德风险产生于公司所有权与控制权分离的情形下,公司管理层在经营管理活动中是否努力工作以及努力工作程度如何的不可观察性。由于信息不对称的存在,公司管理层在公司经营管理活动中可能会为了自身效用最大化而增加休闲时间、发生偷懒等行为,这就是所谓的道德风险。逆向选择是指公司管理层按照自己的效用函数行事,而偏离了股东财富最大化的目标。例如,公司管理层追求在职消费、乘坐高档轿车等使股东财富受损的行为。

### 3.2.3 委托代理理论、信息不对称理论对会计稳健性及其经济后果产生影响的作用机理

如前所述,现代公司制度的主要特征是所有权与控制权的"两权"分

离,"两权"分离带来的是所有者与公司管理层之间委托代理关系的形成,在理想的环境下,公司管理层会按照所有者的效用最大化为目标来开展日常经营活动,这种情形下,公司股东与管理层之间不会产生代理冲突,但是现实的情况是理想的环境是不存在的,现实中的公司股东与管理层之间充满着信息不对称,即与公司所有者相比,公司管理层拥有更多的内部信息,这样公司管理层就可以利用其具有的信息优势,做出有利于其自身效用最大化的机会主义行为,从而有损股东的利益。

Tate 等(2010)发现,当公司管理层与其所有者的目标不一致时,管理层试图隐藏信息,以提高管理层与所有者之间的信息不对称程度。管理层与股东之间的信息不对称程度越高,股东认为公司未来现金流量的可实现程度越低,股东所要求的风险溢价补偿越高,股权融资成本也越高。除此之外,股东还希望公司管理层为了公司价值最大化而投资于每一个净现值为正的项目。然而,公司管理层会将自身效用函数与其投资项目获得的利益与损失进行比较,因此,如果公司管理层投资或者放弃项目的利益高于其成本,那么,公司管理层也许会决定放弃净现值为正的投资项目,投资于净现值为负的项目,从而导致过度投资与投资不足。在代理关系下,由于信息不对称的存在,公司管理层与外部股东之间存在着许多代理冲突,上述较高的股权融资成本、过度投资以及投资不足就是三种比较典型的代理冲突。

为了有效缓解公司管理层与外部股东之间的代理冲突,降低信息不对称程度,公司的利益相关者都有着强烈的动机运用各种公司治理机制来激励和监督公司管理层,保护自身利益不受侵犯,但并不是公司所有的利益相关者都有能力监督公司的管理层,就股东而言,与中小股东相比,大股东对公司管理层的监督能力更强。Shleifer 和 Vishny(1986)认为在不完美的变革环境中,许多公司的管理层虽然工作很努力,但是经营业绩却并不理想,有时这些管理层还经常被更换,但是谁能够承担监督公司管理层的责任呢?他们认为只有大股东才具备这种能力。自从我国出台了超常规发展机构投资者的政策以来,机构投资者在数量上和规模上已经实现了飞速增长,目前机构投资者已经成为我国资本市场的重要组成部分和上市公司的大股东。根据 Shleifer 和 Vishny（1986）的研究结论，本书认为机构投资者作为上市公司的大股东从理论上讲应该能够很好地监管其投资公司管理层的生产经营行为，从而缓解公司管理层与外部股东之间的代理冲突。

已有研究表明，并不是所有的机构投资者都是同质的，也就说不同类型的机构投资者对公司管理层的监督积极性存在差异（Brickley 等，1988；Bushee，1998；Almazan 等，2005；Chen 等，2005；牛建波等，2013；李争光等，2014、2015）。目前，关于机构投资者能否发挥公司治理效应存在三种假说：有效监督假说、无效监督假说和利益合谋假说。本书接受了不同性质的机构投资者的公司治理效应存在差异的观点，借鉴 Elyasiani 等（2010）、牛建波等（2013）、李争光等（2014、2015）的做法，将机构投资者按照其投资期限与持股动机的不同划分为交易型机构投资者与稳定型机构投资者。根据交易型机构投资者与稳定型机构投资者的定义可以判断出，交易型机构投资者的持股期限较短，持股比例也不高，注重关注公司的短期盈利以及股价的上下波动，以期利用股票价格的频繁波动进行交易获得投机性收益，属于无效的监督者；稳定型机构投资者的持股期限较长，持股比例也较高，注重对投资公司业绩的长期关注，主要从公司的分红中获得收益，为了保护自身利益不受损害，有动机监督并抑制公司管理层的机会主义行为，从这个角度上来说，稳定型机构投资者属于有效监督者。与交易型机构投资者相比，稳定型机构投资者对其投资公司监督的积极性更高，公司治理效应将会更加显著。

会计稳健性具有对损失与收益进行非对称确认，提前确认损失，延期确认收益，低估企业账面净资产的特征，因此会计稳健性理所应当的成为股东等利益相关者用于降低其与公司管理层之间的代理冲突的一项有效的公司治理机制。

根据上述分析，本书认为交易型机构投资者与稳定型机构投资者对会计稳健性这一公司治理机制的需求存在差异，交易型机构投资者并不关心公司的财务报告是否稳健，与交易型机构投资者相比，如果稳健的财务报告能够提供治理收益，那么稳定型机构投资者一定能够评估和识别出这种治理收益，因此可以从理论上推导出稳定型机构投资者需要会计稳健性的结论。

本书认为机构投资者作为公司的大股东有能力识别出稳健的财务报告所能带来的收益,从这个角度来说,机构投资者可能需要会计稳健性。同时,本书也接受了机构投资者具有异质性的观点,借鉴 Elyasiani 等(2010)、牛建波等(2013)、李争光等(2014、2015)的做法将机构投资者划分为交易型与稳定型机构投资者,认为不同性质的机构投资者对会计稳健性及其经济后果的影响存在差异。因此,在委托代理理论、信息不对称理论下,机构投资者对会计稳健性、机构投资者异质性对会计稳健性及其经济后果影响的作用机理如图 3-2 所示。

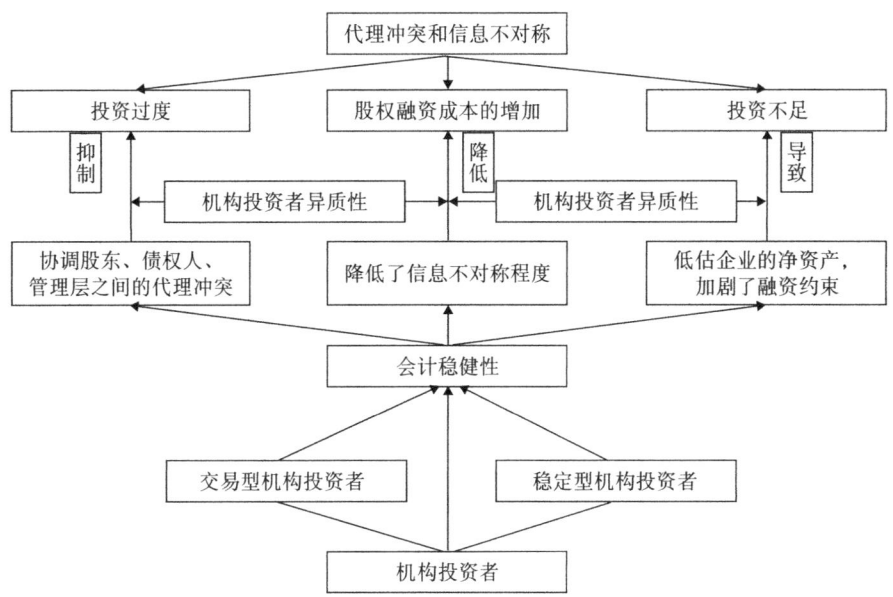

**图 3-2 机构投资者异质性对会计稳健性及其经济后果影响的作用机理**

# 第4章

## 机构投资者持股与会计稳健性

本章借鉴了 Elyasiani 和 Jia（2010）、牛建波等（2013）、李争光等（2014、2015）的做法，将机构投资者划分为稳定型与交易型机构投资者，在此基础上，以 2007—2012 年我国沪深两市 A 股上市公司为研究对象，考察了机构投资者以及交易型与稳定型机构投资者对会计稳健性的影响。

## 4.1　引言

会计稳健性是指对收益与损失进行非对称确认，即确认坏消息比确认好消息更加及时，从而低估企业的净资产（Basu，1997；Holthausen 和 Watts，2001，Givoly 等，2007；Roychowdhury 和 Watts，2007）。会计稳健性作为会计信息质量的重要特征，一直以来都是学术界关注的重点话题之一。近年来，国内外学者主要从股东、监管、公司治理、债权人、管理层、供应商、消费者、投资者法律保护、管理层薪酬与会计业绩敏感性、政治关联、产权性质、管理层过度自信、管理层背景特征、货币政策、税收负担、内部控制质量、审计师财务专长、信息不对称等视角考察了会计稳健性的影响因素（Basu，1997；Ball，2001；Watts，2003；Beekes 等，2004；Ahmeda 和 Duellman，2007；LaFond 和 Roychowdhury，2008；Xia 和 Zhu，2009；Cullinana 等，2012；董红星，2009；修宗峰，2008；Ball 等，2008；Kothari 等，2009；Iyengar 和 Zampelli，2010；饶品贵和姜国华，2011；周泽将和杜兴强，2013；陈艳艳等，2013；Ahmed 和 Duellman，2013；孙光国和赵健宇，2014；方红星和张志平，2012；徐虹等，2013；Ramalingegowda 和 Yu，2012；Krishnan 和 Visvanathan，2008；LaFond 和 Watts，2008）。但机构投资者与会计稳健性之间关系的研究较为缺乏，而关于机构投资者异质性对会计稳健性的影响这一话题更是鲜有学者触及，为此本章首先考察机构投资者整体持股对会计稳健性的影响，在此基础上，进一步考察不同性质的机构投资者对会计稳健性的影响。本章的研究不仅有助于深化对机构投资者参与公司治理的认识，而且对拓展会计稳健性影响因素的研究具有十分重要的理论和现实意义。

如本书第 1 章、第 3 章所述，自从 2000 年我国出台了超常规、大规模发展机构投资者的政策以来，机构投资者在数量和规模上都实现了快速增长，目前机构投资者已经成为资本市场的重要组成部分和上市公司的大股东。机构投资者能否发挥公司治理效应存在三种假说，即有效监督假说、无效监督假说与利益合谋假说（Pound，1988）。在 Pound（1988）提出的机构投资者公司治理效应的三种假说的基础上，国内外学者主要从企业绩效、过度投资、CEO 变更、管理层薪酬、高管薪酬业绩敏感性、股票价格、盈余管理等视角考察了机构投资者公司治理效应的三种假说（Woidtke，2002；Cornett 等，2004；Almazan 等，2005；Chung 和 Zhang，2011；Aggarwal 等，2011；石美娟和童卫华，2009；杨典，2013；李争光等，2014；Ferreira 和 Matos，2008；Parrino 等，2003；Aggarwal 等，2011；Helwege 等，2012；Hartzell 和 Starks，2003；Hotchkiss 和 Strickland，2000；Roychowdhury 和 Watts，2007；Farooq 和 Jai，2012）。但机构投资者对会计政策，尤其是对会计稳健性影响的经验证据较为缺乏。

已有文献研究表明，并不是所有的机构投资者都是相同的（Brickley 等，1988；Bushee，1998；Almazan 等，2005；Chen 等，2005；Bushee 等，2010；牛建波等，2013；李争光等，2014、2015），不同类型的机构投资者的投资偏好和持股动机存在差异，对公司管理层机会主义行为的监督效应也不同，这可能会导致其对会计稳健性的影响存在差异。因此，在我国机构投资者会影响公司的会计稳健性吗？不同类型的机构投资者对会计稳健性的影响是否存在差异？

为解答上述疑问，本章以 2007—2012 年我国沪深两市 A 股上市公司为研究对象，考察了机构投资者持股对会计稳健性的影响，并借鉴 Elyasiani 和 Jia（2010）、牛建波等（2013）、李争光等（2014、2015）对机构投资者的分类标准，将机构投资者划分为稳定型机构投资者和交易型机构投资者，在此基础上进一步考察了机构投资者异质性对会计稳健性的影响。本章的经验证据表明，机构投资者持股比例与会计稳健性显著正相关，这与国外文献的研究结论一致。进一步分析发现，与交易型机构投资者相比，稳定型机构投资者对会计稳健性的影响更加显著。本章的研究结果表明机构投资者尤其是稳定型机构投资者能有效地缓解公司管理层与外部股东之间的代理冲突、降低信息不对称程度，积极发挥公司治理作用。

本章有以下两点理论贡献：第一，丰富和拓展了会计稳健性影响因素研究领域的文献。已有文献主要从股东、债权人、管理层、供应商、消费者等利益相关者视角考察会计稳健性的影响因素（例如：Ball，2001；Watts，2003；Beekes 等，2004；Ahmeda 和 Duellman，2007；LaFond 和 Roychowdhury，2008；Xia 和 Zhu，2009；Cullinana 等，2012；董红星，2009；修宗峰，2008），鲜有文献考察机构投资者对会计稳健性的影响。本章基于机构投资者异质性视角，研究了机构投资者以及不同性质的机构投资者对会计稳健性的影响，丰富和拓展了 Watts（2003）所提出的会计稳健性产生原因的契约理论，提供了机构投资者与会计稳健性之间关系研究的新视角。第二，丰富了机构投资者异质性经济后果领域的相关研究。已有文献主要从自愿性信息披露、企业绩效等视角考察机构投资者异质性的经济后果（牛建波等，2013；李争光等，2014），本章考察了机构投资者异质性对会计稳健性的影响，从而丰富了机构投资者异质性经济后果领域的文献。

本章的后续内容安排如下：第二部分进行理论分析并提出研究假说；第三部分讨论研究设计，提出研究模型以及变量的度量；第四部分报告实证结果；第五部分进行稳健性检验；第六部分对本章进行总结。

## 4.2　理论分析与研究假说

### 4.2.1　机构投资者与会计稳健性

企业所有权与控制权的分离导致了委托代理关系的形成。委托代理理论认为，企业是一系列契约的集合。委托代理关系必然会导致公司内部人员比外部人员更具有信息优势，掌握更多的私人信息，从而形成了公司内部人员与外部人员之间的信息不对称。信息不对称的存在可能会导致公司管理层只注重追求自身的效用最大化，而损害公司利益相关者的利益，因此公司股东、债权人等利益相关者都有动机尝试运用有效的制度安排来降低信息不对称程度，以保护自身利益不受损害。但是，委托代理关系所导致的代理冲突不仅涉及信息不对称，而且还涉及监督成本。公司利益相关者在考虑采用何种制度安排缓解代理冲突的过程中会比较监督收益与监督成本，只有当其认为对公司进行有效监督所获得的收益大于其为此所付出的监督成本时，他们才有动机对其投资公司管理层的日常经营和决策行为进行监督。从具体的治理机制上看，Jensen 和 Meckling（1976）认为可以采用"木马计"理论，赋予公司管理层一定的股权，更多地采用薪酬激励的方式来确保公司管理层在实现自身效用最大化的同时，也实现了企业的价值最大化，从而缓解公司管理层与股东之间的代理冲突。Shleifer 和 Vishny（1986）认为在不完美和不确定的环境中，公司的小股东由于自身原因和监督成本的存在，一般不会监督公司管理层的行为，只有像机构投资者这样的大型股东才会通过在董事会会议上提出建议或者卖出股票等方式监督公司管理的行为。

学术界一般均认为会计稳健性产生的主要原因有契约、诉讼、监管、税收，但也有一些学者认为信息不对称也是导致会计稳健性产生的原因（Watts，2003；LaFond 和 Watts，2009）。LaFond 和 Watts（2009）研究发现，会计稳健性作为一项公司治理机制，尤其是具有提前确认坏消息、延期确认好消息的特征，所以其能够降低公司管理层与外部利益相关者之间的信息不对称程度，这也会间接导致企业价值和股票价值的上升。Watts（2003）研究发现股东需要会计稳健性，但本书认为不同类型的股东对会计稳健性的影响存在差异。一方面，大量的研究发现个人投资者的信息较闭塞，不可能有足够能力来评价公司财务报告的稳健性，他们可能对会计稳健性不会产生需求（Odean，1999；Barber 和 Odean，2000；Barber 和 Odean，2008；Barber 等，2009）。与个人投资者相比，机构投资者具有信息优势、专业优势以及资金优势,如果稳健的财务报告能够提供治理利益,那么机构投资者更有可能理解和评估这种治理收益,因此,从这个角度讲,机构投资者更需要从公司管理层那里获得稳健的财务报告(Ramalingegowda 和 Yu,2012)。另一方面,由于机构投资者可能更有优势获得有关公司的管理与内部信息(Carleton 等,1998),他们也许会更多地依赖直接监督,而较少地通过会计数据来对公司管理层的行为进行监督(Holmstrom,1979;Ke 等,1999;Prendergast,2002),从这个角度来说,机构投资者并不需要会计稳健性。由此可见,机构投资者是否需要会计稳健性是一个尚待检验的实证问题。

根据以上分析,提出本章的假设一:

H1a:在其他条件不变的前提下,机构投资者持股比例与会计稳健性正相关。

H1b:在其他条件不变的前提下,机构投资者持股比例与会计稳健性不相关。

## 4.2.2 机构投资者异质性与会计稳健性

已有研究表明,机构投资者之间也存在差异。许多国内外学者从不同的角度对机构投资者的分类进行了研究(Brickley 等,1988;Bushee,1998;Almazan 等,2005;Chen 等,2005;Bushee 等,2010;牛建波等,2013;李争光等,2014,2015)。Brickley 等(1988)根据机构投资者是否与被投资公司存在现有或潜在的商业关系,将其划分为压力非敏感型机构投资者和压力敏感型机构投资者。Bushee(1998)根据机构投资者的预期投资期限将机构投资者划分为短线型机构投资者、长线型机构投资者以及准指数型机构投资者。Almazan 等(2005)认为机构投资者在监督公司管理层的行为方面发挥了重要作用,但并不是所有的机构投资者都能同样发挥这种作用。他们将机构投资者基于监督成本的不同划分为两类:一类是潜在的积极机构投资者;另一类是潜在的消极机构投资者。研究发现只有潜在的积极机构投资者才能够有效监督公司管理层的日常行为。Chen 等

(2007)在成本效益框架内,将机构投资者划分为监督型机构投资者和短期型机构投资者。Bushee等(2010)根据机构投资者对投资公司治理机制完善程度的偏好将机构投资者划分为公司治理敏感型机构投资者和公司治理不敏感型机构投资者。牛建波等(2013)、李争光等(2014、2015)借鉴了Elyasiani和Jia(2010)对机构投资者稳定性的度量方法,将机构投资者按照投资期限和持股动机的不同划分为稳定型机构投资者与交易型机构投资者,并提出了度量稳定型机构投资者与交易型机构投资者的方法。

本章借鉴Elyasiani和Jia(2010)、牛建波等(2013)、李争光等(2014、2015)的研究,按照机构投资者的投资期限和持股动机的不同将其划分为稳定型机构投资者与交易型机构投资者。稳定型机构投资者的特征是注重对其投资的上市公司的长期关注以及主动参与企业的公司治理、监督企业管理层的行为,是上市公司的长线投资者,而交易型机构投资者的特征是对其投资的上市公司的持股具有明显的投机性,其不看重上市公司的长期经营和盈利,总是寄希望于通过短期内的股价波动来获得利益。Chen等(2007)认为,与交易型机构投资者相比,稳定型机构投资者对公司的状况有着更深入的了解,能够更加积极地监管公司管理层的行为。Yan和Zhang(2009)研究发现,与稳定型机构投资者相比,交易型机构投资者更倾向于进行频繁的股票交易,其监督公司管理层行为的积极性不高。Ramalingegowda和Yu(2009)研究发现,仅监督型机构投资者才需要会计稳健性。

西方学者认为机构投资者能否发挥公司治理效应存在三种假说:有效监督假说、无效监督假说和利益合谋假说(Pound,1988)。那么究竟什么类型的机构投资者才是监督型机构投资者呢?根据机构投资者公司治理效应的三种假说以及稳定型机构投资者和交易型机构投资者的特征,可以判断出稳定型机构投资者在公司治理中的作用符合有效监督假说,是公司的有效监督者,而交易型机构投资者在公司治理中的作用符合无效监督假说,是公司的无效监督者。通过上述分析可知,与交易型机构投资者相比,稳定型机构投资者对公司管理层的监督更加积极,具有积极监督特征的机构投资者才会主动监督被投资公司的日常经营管理活动。一方面,如果稳健的财务报告能够提供治理收益，那么，与交易型机构投资者相比，稳定型机构投资者一定能够识别并更加需要会计稳健性；另一方面，与交易型机构投资者相比，稳定型机构投资者对被投资公司的持股比例更高，交易的频繁程度更低，在这种情形下，稳定型机构投资者更有可能通过投票权而直接监督被投资公司而不去关注被投资公司的财务报告。

根据上述分析，提出本章的假设二：

H2a：在其他条件不变的前提下，与交易型机构投资者相比，稳定型机构投资者对会计稳健性的影响更加显著。

H2b：在其他条件不变的前提下，与交易型机构投资者相比，稳定型机构投资者对会计稳健性的影响并不显著。

## 4.3 研究设计

### 4.3.1 样本选择与数据来源

本章的研究样本为2007—2012年我国沪深两市的A股上市公司，之所以选择2007年作为样本的起始期是因为我国于2007年1月1日起实施了新会计准则，与旧会计准则相比，新会计准则下公允价值计量模式得到广泛地运用，公允价值计量模式的应用在一定程度上会影响会计稳健性，故新旧会计准则下的会计稳健性可能存在较大区别，为了避免会计制度变迁对会计稳健性产生的影响，所以选择2007年作为样本的初始期。本章的财务数据来自CSMAR数据库，机构投资者持股比例数据来自RESSET数据库。

本章对初始样本进行了筛选：（1）剔除了存在数据缺失的样本；（2）剔除了金融类行业的样本；（3）剔除了数据异常的观测值。经过上述筛选后，本书的最终样本为4542个公司——年度观测值。表4-1的Panel A部分详细介绍了样本的筛选过程以及最终样本数量。

表4-1中Panel B部分报告了按照证监会制定的行业分类标准对全样本以及稳定型机构投资者与交易型机构投资者两个子样本进行行业分类的结果。Panel B的第1列报告了全样本的行业分布情况：制造业（C）在整

表4-1　　样本选择和行业分布的描述性信息

| Panel A：样本选择标准 | | | | | | |
|---|---|---|---|---|---|---|
| 2007—2012年通过CSMAR与RESSET合并得到的公司——年度观测值 | | | | | 12215 | |
| 减： | | | | | | |
| 数据缺失的观测值 | | | | | (5146) | |
| 金融类企业的观测值 | | | | | (4) | |
| 数据异常的观测值 | | | | | (2523) | |
| 最终样本 | | | | | 4542 | |
| Panel B：样本的行业和机构投资者异质性分类 | | | | | | |
| 行业代码 | 全样本 | | 稳定型机构投资者 | | 交易型机构投资者 | |
| A | 116 | 2.55% | 64 | 2.67% | 52 | 2.43% |
| B | 98 | 2.16% | 47 | 1.96% | 51 | 2.38% |
| C | 2666 | 58.70% | 1432 | 59.72% | 1234 | 57.56% |
| D | 195 | 4.29% | 85 | 3.54% | 110 | 5.13% |
| E | 97 | 2.14% | 52 | 2.17% | 45 | 2.10% |
| F | 185 | 4.07% | 91 | 3.79% | 94 | 4.38% |
| G | 262 | 5.77% | 148 | 6.17% | 114 | 5.32% |
| H | 328 | 7.22% | 165 | 6.88% | 163 | 7.60% |
| J | 195 | 4.29% | 90 | 3.75% | 105 | 4.90% |
| K | 157 | 3.46% | 86 | 3.59% | 71 | 3.31% |
| L | 36 | 0.79% | 20 | 0.83% | 16 | 0.75% |
| M | 207 | 4.56% | 118 | 4.92% | 89 | 4.15% |
| 合计 | 4542 | 100% | 2398 | 100% | 2144 | 100% |

注：Panel A列报了样本选择过程。Panel B列报了全样本、稳定型机构投资者以及交易型机构投资者子样本的行业分布。本书按照中国证监会的分类标准对样本进行行业分类。A代表农、林、牧、渔业；B代表采掘业；C代表制造业；D代表电力、煤气及水的生产和供应业；E代表建筑业；F代表交通运输、仓储业；G代表信息技术业；H代表批发和零售贸易；J代表房地产业；K代表社会服务业；L代表传播与文化产业；M代表综合类企业。

个样本中的比例最高,达到了 58.70%,第 2 列、第 3 列报告了稳定型机构投资者、交易型机构投资者的样本分布情况;通过比较可以看出,在全样本中,交易型机构投资者比例为 47.20%;稳定型机构投资者的比例为 52.80%,与交易型机构投资者相比高了 5.6 个百分点。两类子样本的行业分布比较一致,其中制造业、批发和零售贸易、信息技术业的比例位居前三位,这表明稳定型机构投资者与交易型机构投资者在不同行业内并不存在明显差异。

## 4.3.2 变量的选择与度量

### 1. 会计稳健性水平的度量

已有文献表明,度量会计稳健性的模型主要有反向回归模型(Basu,1997)、应计现金流模型(Ball 和 Shivakumar,2005)、盈余反转模型(Ball 和 Shivakumar,2005)、C – Score 模型(Khan 和 Watts,2009)、累计非经营性应计利润(Givoly and Hyan,2000)、市账比(Stober,1996)。由于我国股权分置改革特殊的制度背景,股票价格未必能正确地反映好消息与坏消息,故反向回归模型在我国的使用值得商榷(杨华军,2007)。市账比(Stober,1996)这一指标度量公司的会计稳健性水平存在的问题在于该指标容易受到资本市场股价波动的影响。C – Score 模型(Khan 和 Watts,2009)存在以下问题:一是如果在多元回归模型中以 C – Score 作为自变量时可能会存在遗漏变量问题,回归模型中可能会遗漏与 C – Score 相关的重要变量;二是由于 C – Score 模型的构建并不是为了解决分析模型中的均衡条件,所以 C – Score 得分也许并不是公司层面会计稳健性水平的最优度量方法;三是 C – Score 主要由 Watts(2003)提出的四个美国会计稳健性的决定因素估算得出,由于美国的制度背景与其他国家存在着很大的差异,C – Score 模型也许并不是除美国之外的其他国家的公司层面会计稳健性水平的合适度量办法。Chen 等(2010)以中国的公司数据为研究对象,采用了 Ball 和 Shivakumar(2005)的应计现金流模型对借款人与贷款人的国有股权性质与会计稳健性进行了检验,这在一定程度上说明了应计现金流模型在我国的适用性以及用其度量公司会计稳健性的准确性。由于本书不仅考察机构投资者异质性对会计稳健性的影响，而且还考察机构投资者异质性对会计稳健性与股权融资成本、会计稳健性与过度投资、会计稳健性与投资不足之间关系的影响，故需要公司层面会计稳健性的代理变量。上述度量会计稳健性的方法中只有 C-Score 模型（Khan 和 Watts，2009）、非经营性应计利润（Givoly 和 Hyan，2000）、市账比（Stober，1996）等三种方法可以度量公司层面会计稳健性水平，由于 C-Score 模型（Khan 和 Watts，2009）、市账比（Stober，1996）存在一定程度的缺陷，所以本章借鉴 Givoly 和 Hyan（2000）的做法，采用过去三年的累计非经营性利润的负数度量公司层面的会计稳健性水平，在此基础上对 H1 和 H2 进行检验，采用应计现金流模型（Ball 和 Shivakumar，2005）、盈余反转模型（Ball 和 Shivakumar，2005）、C-Score 模型（Khan 和 Watts，2009）对 H1 和 H2 进行稳健性检验。

2. 稳定型机构投资者与交易型机构投资者的度量

本章借鉴 Elyasiani 和 Jia（2010）、牛建波等（2013）、李争光等（2014，2015）对机构投资者类型的划分方法，采用时间和行业两个维度来度量机构投资者的异质性。

首先，从时间维度对机构投资者稳定性进行度量。即运用企业本年的机构投资者持股比例除以其机构投资者持股比例前三年的标准差来从时间维度度量机构投资者的持股动机，在机构投资者持股比例一定的情况下，若该企业过去三年机构投资者持股比例标准差越小，则表明该企业的机构投资者持股比例变动越小，机构投资者的稳定性越强，反映了机构投资者持有该企业的股票时间越长，注重对企业绩效和盈利情况的关注；反之，若该企业过去三年机构投资者持股比例的标准差越大，则表明该企业的机构投资者的持股比例波动越大，机构投资者的稳定性越差，有可能是机构投资者根据公司股价波动情况进行投机性交易的结果。

其次，从行业维度来度量机构投资者异质性。即当企业机构投资者的持股比例除以其前三年机构投资者持股比例的标准差所得到的数值大于（含等于）其年度、行业的中位数时，则认定该企业的机构投资者为稳定型机构投资者；反之，则认定该企业的机构投资者为交易型机构投资者。

具体计算公式为：

$$\begin{cases} SD_{it} = \dfrac{INVH_{it}}{STD(INVH_{it-3}, INVH_{it-2}, INVH_{it-1})} \\ STABLE_{it} = \begin{cases} 1, SD_{it} \geqslant MEDIAN_{tj}(SD_{tj}) \\ 0, 其他 \end{cases} \end{cases} \quad (4-1)$$

其中，$INVH_{it}$ 表示公司 $i$ 在 $t$ 年的机构投资者持股比例；$STD(INVH_{it-3}, INVH_{it-2}, INVH_{it-1})$ 表示公司 $i$ 前三年机构投资者的持股比例的标准差；$SD_{it}$ 表示公司 $i$ 在 $t$ 年的机构投资者持股比例与其过去三年机构投资者持股比例标准差的比值；$MEDIAN_{tj}(SD_{tj})$ 表示 $t$ 年 $SD$ 的行业 $j$ 的中位数；$STABLE_{it}$ 哑变量为机构投资者稳定性的标识，当 $SD_{it} \geqslant MEDIAN_{tj}(SD_{tj})$ 时，取值为 1，表示公司 $i$ 在 $t$ 年的机构投资者为稳定型机构投资者，否则取值为 0，表示公司 $i$ 在 $t$ 年的机构投资者为交易型机构投资者。

3. 其他相关控制变量

本章借鉴已有的研究成果（Chen 等，2010；Khan 和 Watts，2009；朱茶芬和李志文，2008），还控制了如下变量：公司规模 SIZE、公司性质 SOE、资产负债率 LEV、市账比 MB；为了控制年度、行业对公司会计稳健性水平的影响，本章在回归模型中加入了年度、行业虚拟变量。变量的具体定义详见表 4-2。

### 4.3.3 实证检验模型

1. 本章采用如下的模型（4-2）对假设 1 进行检验：

$$CON_{it} = \beta_0 + \beta_1 INVH_{it} + \beta_2 SOE_{it} + \beta_3 SIZE_{it} + \beta_4 LEV_{it} + \beta_5 MB_{it} \\ + \sum Industry + \sum Year + \varepsilon_{it} \quad (4-2)$$

其中，$CON$ 为公司层面的会计稳健性水平，等于公司过去三年的累计非经营性应计利润的负数除以期初总资产的负数；$INVH$ 为机构投资者的持股比例，等于机构投资者持有的股数除以普通股总股数；$SOE$ 为企业性质虚拟变量，若企业的终极控制人为国有企业则取值为 1，否则，取值为 0；

SIZE 为企业规模，等于期末公司总资产的自然对数；LEV 为财务杠杆，等于期末负债账面价值除以期末总资产账面价值；MB 为市账比，等于期末股权市场价值除以股权账面价值；$\sum Industry$ 为行业虚拟变量；$\sum Year$ 为年度虚拟变量；$\varepsilon$ 为随机误差项。若 $\beta_1$ 的系数显著为正，则表明随着机构投资者持股比例的增加，公司的会计稳健性水平也正向增加，H1a 得到验证；若 $\beta_1$ 的系数不显著，则表明机构投资者并不需要会计稳健性，H1b 得到验证。

2. 本章采用如下的模型（4-3）对假设 2 进行检验：

$$CON_{it} = \beta_0 + \beta_1 STABLE_{it} + \beta_2 SOE_{it} + \beta_3 SIZE_{it} + \beta_4 LEV_{it} + \beta_5 MB_{it}$$
$$+ \sum Industry + \sum Year + \varepsilon_{it} \qquad (4-3)$$

其中，STABLE 为机构投资者稳定性的标识变量，当公司的机构投资者为稳定型机构投资者时，则取值为 1；当公司的机构投资者为交易型机构投资者时，则取值为 0；其他变量的定义同模型（4-2）。若 $\beta_1$ 的系数显著为正，则表明与交易型机构投资者相比，稳定型机构投资者对会计稳健性的影响更加显著，H2a 得到验证；若 $\beta_1$ 的系数不显著，则表明与交易型机构投资者相比，稳定型机构投资者对会计稳健性的影响并不显著，H2b 得到验证。

本章中的主要变量及其定义如表 4-2 所示。

表 4-2　　　　　　　　　　主要变量定义表

| 变量名称 | 变量代码 | 变量 |
| --- | --- | --- |
| 公司会计稳健性水平 | CON | 公司过去三年累计的非经营性应计利润的负数除以期初总资产；非经营性应计利润 = 净利润 - 经营活动现金净流量 - 经营性应计利润 |
| 机构投资者持股比例 | INVH | 机构投资者持有的股数/普通股总股数 |
| 机构投资者持股比例与其过去三年标准差的比 | SD | 上市公司披露的机构投资者持股比例/该公司的机构投资者前三年持股比例的标准差 |
| 机构投资者稳定性的哑变量 | STABLE | 哑变量，当机构投资者稳定性指标 SD 大于（含等于）其同行业同年度的中位数时，取值为 1；否则取值为 0 |

续表

| 变量名称 | 变量代码 | 变量 |
| --- | --- | --- |
| 公司性质 | SOE | 哑变量，当企业的终极控制人性质为国有企业时，取值为1；否则取值为0 |
| 公司规模 | SIZE | 企业期末总资产的自然对数 |
| 资产负债率 | LEV | 期末负债账面总额/期末资产账面总额 |
| 市账比 | MB | 期末股权市值/期末股权账面价值；期末股权市值=期末流通股股数×每股收盘价+期末非流通股股数×每股净资产 |

## 4.4 实证结果分析

### 4.4.1 描述性统计

表4-3报告了全样本以及交易型、稳定型机构投资者两个子样本的主要变量的描述性统计结果。表4-3的Panel A列报了全样本的描述性统计，公司会计稳健性水平的均值（中位数）为0.023（0.019），标准差较小，这说明公司会计稳健性水平的分布比较均匀。机构投资者持股比例的均值（中位数）为17.0%（12.3%），这表明样本公司中的机构投资者持股比例仍旧较低，样本中有50%以上公司的机构投资者持股比例小于17.0%。稳定型机构投资者的比例为52.8%，这表明样本中已有一半以上的公司的机构投资者为稳定型机构投资者。样本中国有企业的比例为64.6%，这符合我国的上市公司大部分是由国有企业改制而来的特殊制度背景。公司规模的均值（中位数）为21.733（21.678），标准差较小，这说明公司规模在样本中不存在较大差异。资产负债率的均值（中位数）为0.496（0.507），这表明样本中有一半以上的公司的财务杠杆在50%以上。市账比的均值（中位数）为4.074（3.522），标准差较大，这表明该指标

在样本公司中具有较大差异。

表4-3的Panel B分别报告了稳定型机构投资者和交易型机构投资者两个子样本的主要变量的描述性统计结果，并对两类机构投资者的主要连续变量的组间均值和中位数进行了差异检验。发现两类机构投资者除资产负债率（LEV）外，其余变量的均值和中位数在两类机构投资者间均存在显著差异，这也进一步说明有必要分别考察不同类型的机构投资者对会计稳健性的影响。

表4-3 样本描述性统计

Panel A：全样本描述性统计

| 变量名 | 样本量 | 均值 | 中位数 | 标准差 | Q1 | Q3 |
|---|---|---|---|---|---|---|
| CON | 4542 | 0.023 | 0.019 | 0.131 | -0.057 | 0.098 |
| INVH | 4542 | 0.170 | 0.123 | 0.153 | 0.039 | 0.266 |
| STABLE | 4542 | 0.528 | — | — | — | — |
| SOE | 4542 | 0.646 | — | — | — | — |
| SIZE | 4542 | 21.733 | 21.678 | 0.929 | 21.010 | 22.368 |
| LEV | 4542 | 0.496 | 0.507 | 0.183 | 0.368 | 0.636 |
| MB | 4542 | 4.074 | 3.522 | 2.270 | 2.317 | 5.204 |

Panel B：子样本描述性统计

| 变量 | 稳定型机构投资者 | | | 交易型机构投资者 | | | 差异 | |
|---|---|---|---|---|---|---|---|---|
| | 均值 | 中位数 | 标准差 | 均值 | 中位数 | 标准差 | 均值 | 中位数 |
| CON | 0.027 | 0.020 | 0.134 | 0.019 | 0.018 | 0.127 | 2.24** | 1.815* |
| INVH | 0.238 | 0.220 | 0.153 | 0.095 | 0.052 | 0.113 | 36.12*** | 34.31*** |
| SIZE | 21.771 | 21.695 | 0.952 | 21.690 | 21.668 | 0.900 | 2.94*** | 2.305** |
| LEV | 0.492 | 0.506 | 0.184 | 0.500 | 0.509 | 0.182 | -1.50 | -1.301 |
| MB | 4.154 | 3.600 | 2.294 | 3.984 | 3.453 | 2.241 | 2.52** | 2.636*** |
| 观测值 | | 2398 | | | 2144 | | | |

注：稳定型机构投资者与交易型机构投资者两个独立子样本之间的均值差异采用的t检验；稳定型机构投资者与交易型机构投资者两个独立子样本之间的中位数差异采用的Wilcoxon双侧检验。*** 表示在1%的水平上显著；** 表示在5%的水平上显著；* 表示在10%的水平上显著。

## 4.4.2 相关性分析

表4-4报告了相关变量之间的pearson（spearman）相关系数，通过表4-4的单变量分析可以发现，机构投资者持股比例 INVH 与公司会计稳健性水平 CON 之间的 pearson（spearman）相关系数显著正相关（显著正相关），这表明单变量分析已经验证了本章 H1a 所关注的变量系数的预期符号。稳定型机构投资者 STABLE 与公司会计稳健性水平 CON 之间的 pearson（spearman）相关系数显著正相关（显著正相关），说明了与交易型机构投资者相比，稳定型机构投资者对公司会计稳健性水平的影响更加显著，这表明单变量分析已经验证了本章 H2a 所关注的变量系数的预期符号。其他变量之间的相关系数都在0.5以下，说明自变量与控制变量、控制变量与控制变量之间不存在严重的多重共线性问题。本章的如下部分还将控制其他影响公司会计稳健性水平的因素，通过多元回归分析来检验机构投资者持股比例、稳定型机构投资者对公司会计稳健性水平的影响。

表4-4　　　　　　　pearson（spearman）相关系数

| 变量名 | CON | INVH | STABLE | SOE | SIZE | LEV | MB |
| --- | --- | --- | --- | --- | --- | --- | --- |
| CON | 1 | 0.065 *** | 0.027 * | -0.042 *** | 0.039 *** | 0.243 *** | 0.088 *** |
| INVH | 0.069 *** | 1 | 0.509 *** | -0.019 | -0.053 *** | -0.027 * | 0.170 *** |
| STABLE | 0.033 ** | 0.467 *** | 1 | 0.005 | 0.034 ** | -0.019 | 0.039 ** |
| SOE | -0.040 *** | -0.017 | 0.005 | 1 | 0.224 *** | 0.145 *** | -0.083 *** |
| SIZE | 0.045 *** | -0.089 *** | 0.043 *** | 0.229 *** | 1 | 0.360 *** | -0.286 *** |
| LEV | 0.245 *** | -0.018 | -0.022 | 0.145 *** | 0.358 *** | 1 | 0.038 ** |
| MB | 0.088 *** | 0.157 *** | 0.037 ** | -0.075 *** | -0.257 *** | 0.050 ** | 1 |

注：左下角（右上角）为 pearson（spearman）相关系数；***、** 和 * 分别表示在1%、5%和10%的水平上显著。

## 4.4.3 实证检验结果分析

假设1、假设2的检验结果如表4-5所示，其中第（1）列报告了假设 1 的检验结果，第（2）列报告了假设 2 的检验结果。

从表 4-5 的第（1）列可以发现，机构投资者持股比例 INVH 与公司会计稳健性水平 CON 之间正相关（$\beta_1 = 0.070$，$t = 5.53$），且在 1% 的水平上显著，这说明了机构投资者比例越高，会计稳健性水平越高，H1a 得到验证，这一研究结果与 Ramalingegowda 和 Yu（2012）得出的研究结论一致。

从控制变量上看，公司性质 SOE 与公司会计稳健性水平 CON 之间负相关（$\beta_2 = -0.018$，$t = -4.39$），且在 1% 的水平上显著，这表明相对于非国有企而言，国有企业的会计稳健性水平更低；公司规模 SIZE 与公司会计稳健性水平 CON 之间负相关，但不显著。这些研究结果与 Chen 等（2010）、沈永建（2013）、朱茶芬和李志文（2008）等得到的研究结论一致。资产负债率 LEV 与公司会计稳健性水平 CON 之间正相关（$\beta_4 = 0.170$，$t = 14.69$），且在 1% 的水平上显著，这表明财务杠杆越大，公司的会计稳健性水平越高，这一研究结果与 Ramalingegowda 和 Yu（2012）的研究结论一致。市账比 MB 与公司会计稳健性水平 CON 之间正相关（$\beta_5 = 0.004$，$t = 4.06$），且在 1% 的水平上显著，这表明市账比 MB 越大，公司的会计稳健性水平越高，这一研究结果与 Ahmed 等（2007）的研究结论一致。

从表 4-5 的第（2）列可以发现，稳定型机构投资者 STABLE 与公司会计稳健性水平 CON 之间正相关（$\beta_1 = 0.011$，$t = 2.96$），且在 1% 的水平上显著，这说明了相对于交易型机构投资者来说，稳定型机构投资者对会计稳健性的影响更显著，H2a 得到验证。

从控制变量上看，公司性质 SOE 与公司会计稳健性水平 CON 之间负相关（$\beta_2 = -0.018$，$t = -4.43$），且在 1% 的水平上显著，这表明相对于非国有企而言，国有企业的会计稳健性更低；公司规模 SIZE 与公司会计稳健性水平 CON 之间负相关，但不显著。这些研究结果与 Chen 等（2010）、沈永建（2013）、朱茶芬和李志文（2008）以及表 4-5 的第（1）列得出的研究结论一致。资产负债率 LEV 与公司会计稳健性水平 CON 之间正相关（$\beta_4 = 0.170$，$t = 14.63$），且在 1% 的水平上显著，这表明财务杠杆越大,公司的会计稳健性水平越高,这一研究结果与 Ramalingegowda 和 Yu(2012)以及表 4-5 的第(1)列得出的研究结论一致。市账比 $MB$ 与公司会计稳健性水平 $CON$ 之间正相关($\beta_5 = 0.004$,$t = 4.49$),且在 1% 的水平上显著,这表明市账比 $MB$ 越大,公司的会计稳健性水平越高,这一研究结果与 Ahmed 等(2007)以及表 4-5 的第(1)列得出的研究结论一致。

表 4-5　　机构投资者持股、机构投资者异质性对会计稳健性的影响(累计非经营性应计利润)

| 变量 | (1) | (2) |
| --- | --- | --- |
| 截距 | -0.026<br>(-0.49) | -0.007<br>(-0.14) |
| INVH | 0.070***<br>(5.53) | |
| STABLE | | 0.011***<br>(2.96) |
| SOE | -0.018***<br>(-4.39) | -0.018***<br>(-4.43) |
| SIZE | -0.003<br>(-1.31) | -0.004<br>(-1.60) |
| LEV | 0.170***<br>(14.69) | 0.170***<br>(14.63) |
| MB | 0.004***<br>(4.06) | 0.004***<br>(4.49) |
| 行业 | 已控制 | 已控制 |
| 年度 | 已控制 | 已控制 |
| Obs | 4542 | 4542 |
| F 统计量 | 25.35*** | 24.20*** |
| Adj $R^2$ | 0.101 | 0.097 |

注:括号内为 t 值;*** 表示在 1% 的水平上显著;** 表示在 5% 的水平上显著;* 表示在 10% 的水平上显著。

## 4.5 稳健性检验

### 4.5.1 会计稳健性度量指标敏感性检验

1. 借鉴 Ball 和 Shivakumar（2005）、Chen 等（2010）的研究，使用应计现金流模型对本章提出的假设 1 和假设 2 进行稳健性检验。具体检验模型如下：

$$ACC_t = \beta_0 + \beta_1 DCFO_t + \beta_2 CFO_t + \beta_3 DCFO_t \times CFO_t + \beta_4 INVH_t + \beta_5 INVH_t$$
$$\times DCFO_t + \beta_6 INVH_t \times CFO_t + \beta_7 INVH_t \times DCFO_t \times CFO_t + \beta_8 SOE_t$$
$$+ \beta_9 SOE_t \times DCFO_t + \beta_{10} SOE_t \times CFO_t + \beta_{11} SOE_t \times DCFO_t \times CFO_t$$
$$+ \beta_{12} SIZE_t + \beta_{13} SIZE_t \times DCFO_t + \beta_{14} SIZE_t \times CFO_t + \beta_{15} SIZE_t$$
$$\times DCFO_t \times CFO_t + \beta_{16} LEV_t + \beta_{17} LEV_t \times DCFO_t + \beta_{18} LEV_t \times CFO_t$$
$$+ \beta_{19} LEV_t \times DCFO_t \times CFO_t + \beta_{20} MB_t + \beta_{21} MB_t \times DCFO_t + \beta_{22} MB_t$$
$$\times CFO_t + \beta_{23} MB_t \times DCFO_t \times CFO_t + \varepsilon_t \quad (4-4)$$

$$ACC_t = \beta_0 + \beta_1 DCFO_t + \beta_2 CFO_t + \beta_3 DCFO_t \times CFO_t + \beta_4 STABLE_t$$
$$+ \beta_5 STABLE_t \times DCFO_t + \beta_6 STABLE_t \times CFO_t + \beta_7 STABLE_t \times DCFO_t$$
$$\times CFO_t + \beta_8 SOE_t + \beta_9 SOE_t \times DCFO_t + \beta_{10} SOE_t \times CFO_t + \beta_{11} SOE_t$$
$$\times DCFO_t \times CFO_t + \beta_{12} SIZE_t + \beta_{13} SIZE_t \times DCFO_t + \beta_{14} SIZE_t \times CFO_t$$
$$+ \beta_{15} SIZE_t \times DCFO_t \times CFO_t + \beta_{16} LEV_t + \beta_{17} LEV_t \times DCFO_t$$
$$+ \beta_{18} LEV_t \times CFO_t + \beta_{19} LEV_t \times DCFO_t \times CFO_t + \beta_{20} MB_t + \beta_{21} MB_t$$
$$\times DCFO_t + \beta_{22} MB_t \times CFO_t + \beta_{23} MB_t \times DCFO_t \times CFO_t + \varepsilon_t \quad (4-5)$$

模型（4-4）用于检验 H1，模型（4-5）用于检验 H2。其中，$ACC$ 为本期应计利润除以期初总资产，应计利润为本期营业利润减去本期经营活动现金流；$CFO$ 为本期经营活动现金流除以期初总资产，经营活动现金流为本期营业利润加本期折旧减去本期营运资本增加额，营运资本增加额等于本期流动资产增加额减去本期现金增加额,再减去本期流动负债增加额,然后再加上本期一年内到期的长期债务的增加额;DCFO 为哑变量,若 CFO 小于 0,则 DCFO 等于 1,否则为 0;其余变量定义同模型(4-2)和模型(4-3)。DCFO×CFO 表示好消息与坏消息的非对称确认,用以度量会计稳健性水平。$\beta_2$ 度量了应计利润减轻经营活现金流噪音的程度,因此 $\beta_2$ 的预期符号为负。随着应计利润冲抵盈余,未实现的损失比未实现的收益能够得到更及时的确认。这种及时确认的非对称性表明具有未实现损失的期间与具有未实现收益的期间相比,应计利润和经营活动现金流之间的负相关程度弱化了,因此,本节预期 $\beta_3$ 的符号为正,且 $\beta_3$ 越大说明坏消息确认速度越高,公司会计稳健性水平越高。本节主要关注 $\beta_7$,若模型(4-4)中的 $\beta_7$ 的系数显著为正,则 H1a 得到验证;若模型(4-4)中的 $\beta_7$ 的系数不显著,则 H1b 得到验证;若模型(4-5)中的 $\beta_7$ 的系数显著为正,则 H2a 得到验证;若模型(4-5)中的 $\beta_7$ 的系数不显著,则 H2b 得到验证。

假设 1、假设 2 的检验结果如表 4-6 所示,其中第(1)、第(2)、第(3)列报告了假设 1 的检验结果,第(4)、第(5)列报告了假设 2 的检验结果。第(1)列报告了基本应计现金流模型的回归结果,经营活动现金流 CFO 与应计利润 ACC 之间负相关($\beta_2 = -0.053$,$t = -16.58$),且在 1% 的水平上显著,这表明应计利润能够减轻经营活动现金流的噪音。DCFO×CFO 与应计利润 ACC 之间正相关($\beta_3 = 0.048$,$t = 14.82$),且在 1% 的水平上显著,$\beta_3 + \beta_2 > \beta_2$,这揭示了当经营活动现金流 CFO 为负时,弱化了经营活动现金流 CFO 与应计利润 ACC 之间的负相关关系,这通常也表明样本公司通过应计利润确认未实现的损失比确认未实现的收益更加及时,会计稳健性水平更高。

表 4-6 机构投资者持股、机构投资者异质性与会计稳健性的多元回归分析

| 变量 | (1) | (2) | (3) | (4) | (5) |
| --- | --- | --- | --- | --- | --- |
| 截距 | -0.065 *** | -0.081 *** | -0.004 | -0.073 *** | 0.021 |
|  | (-29.84) | (-27.74) | (-0.12) | (-23.84) | (0.60) |
| DCFO | 0.180 *** | 0.193 *** | -0.295 *** | 0.180 *** | -0.319 *** |
|  | (44.04) | (36.70) | (-5.04) | (32.51) | (-5.48) |

续表

| 变量 | (1) | (2) | (3) | (4) | (5) |
| --- | --- | --- | --- | --- | --- |
| CFO | -0.053*** | 0.015*** | -1.123*** | -0.054*** | -1.135*** |
| | (-16.58) | (3.65) | (-10.23) | (-12.88) | (-10.47) |
| DCFO × CFO | 0.048*** | -0.019*** | 0.841*** | 0.050*** | 0.797*** |
| | (14.82) | (-4.58) | (7.35) | (11.71) | (7.01) |
| INVH | | 0.228*** | 0.147*** | | |
| | | (16.69) | (11.30) | | |
| STABLE | | | | 0.016*** | 0.049*** |
| | | | | (3.66) | (11.13) |
| INVH × DCFO | | -0.216*** | -0.114*** | | |
| | | (-9.55) | (-5.55) | | |
| STABLE × DCFO | | | | -0.0001 | -0.034*** |
| | | | | (-0.01) | (-4.68) |
| INVH × CFO | | -1.260*** | -0.763*** | | |
| | | (-23.63) | (-12.92) | | |
| STABLE × CFO | | | | 0.003 | -0.250*** |
| | | | | (0.42) | (-14.30) |
| INVH × DCFO × CFO | | 1.242*** | 0.798*** | | |
| | | (23.19) | (13.41) | | |
| STABLE × DCFO × CFO | | | | -0.005 | 0.261*** |
| | | | | (-0.83) | (14.83) |
| SOE | | | 0.012*** | | 0.012*** |
| | | | (2.87) | | (2.84) |
| SOE × DCFO | | | -0.125*** | | -0.123*** |
| | | | (-16.34) | | (-16.30) |
| SOE × CFO | | | -0.178*** | | -0.182*** |
| | | | (-14.72) | | (-15.49) |
| SOE × DCFO × CFO | | | -0.185*** | | -0.180*** |
| | | | (-10.06) | | (-9.99) |
| SIZE | | | -0.0005 | | -0.001 |
| | | | (-0.31) | | (-0.78) |
| SIZE × DCFO | | | 0.021*** | | 0.022*** |
| | | | (7.82) | | (8.03) |

续表

| 变量 | (1) | (2) | (3) | (4) | (5) |
|---|---|---|---|---|---|
| $SIZE \times CFO$ | | | 0.046*** | | 0.045*** |
| | | | (10.06) | | (10.07) |
| $SIZE \times DCFO \times CFO$ | | | -0.034*** | | -0.031*** |
| | | | (-7.04) | | (-6.46) |
| $LEV$ | | | -0.081*** | | -0.089*** |
| | | | (-15.55) | | (-16.96) |
| $LEV \times DCFO$ | | | 0.082*** | | 0.089*** |
| | | | (14.42) | | (15.73) |
| $LEV \times CFO$ | | | 0.014*** | | 0.022*** |
| | | | (14.68) | | (21.57) |
| $LEV \times DCFO \times CFO$ | | | -0.013*** | | -0.020*** |
| | | | (-13.23) | | (-19.90) |
| $MB$ | | | -0.0001 | | -0.00001 |
| | | | (-1.36) | | (-0.08) |
| $MB \times DCFO$ | | | 0.0002** | | 0.0001 |
| | | | (2.41) | | (1.25) |
| $MB \times CFO$ | | | 0.008*** | | 0.004*** |
| | | | (7.63) | | (4.18) |
| $MB \times DCFO \times CFO$ | | | -0.008*** | | -0.004*** |
| | | | (-7.60) | | (-4.14) |
| $Obs$ | 5413 | 5413 | 5413 | 5413 | 5413 |
| $F$ 统计量 | 874.96*** | 497.53*** | 270.79*** | 380.44*** | 276.40*** |
| $Adj\ R^2$ | 0.326 | 0.391 | 0.534 | 0.329 | 0.539 |

注：括号内为 t 值；*** 表示在 1% 的水平上显著；** 表示在 5% 的水平上显著；* 表示在 10% 的水平上显著。

本节在第（2）列中加入机构投资者持股比例 INVH 变量以及其与 CFO、DCFO 的交互项对 H1 进行了检验，回归结果见第（2）列。$\beta_6$ 的系数为负（$\beta_6 = -1.260, t = -23.63$），且在 1% 的水平上显著，这表明 INVH×CFO 与应计利润 ACC 之间显著负相关，这说明了机构投资者持股比例 INVH 越高，应计利润 ACC 降低经营活动现金流 CFO 噪音的能力越强。$\beta_7$ 的值为正（$\beta_7 = 1.242, t = 23.19$），且在 1% 的水平上显著，这表明不同的机构投资者持股比例所导致的会计稳健性之间的差异,该系数值为正说明了 $\beta_6 + \beta_7 > \beta_6$,即机构投资者持股比例越高,越能够在经营活动现金流 CFO 为负的情况下,弱化经营活动现金流 CFO 与应计利润 ACC 之间的负相关关系,企业的会计稳健性水平越高,H1a 再次得到验证。

在第(3)列中,本节进一步加入一组控制变量以及这些变量与 CFO、DCFO 的交互项,以控制其他因素对会计稳健性的影响。从第(3)列可以发现,$INVH \times CFO$ 的系数 $\beta_6$ 和 $INVH \times DCFO \times CFO$ 的系数 $\beta_7$ 的符号和显著性与第(2)列相比不存在本质差异,这表明机构投资者持股比例越高,越能够在经营活动现金流 CFO 为负的情况下,弱化经营活动现金流 CFO 与应计利润 ACC 之间的负相关关系,公司的会计稳健性水平越高,H1a 再次得到验证。

本节在基本模型的基础上加入机构投资者稳定性的哑变量 STABLE 以及其与 CFO、DCFO 的交互项对 H2 进行了检验,检验结果如第(4)列所示。从第(4)列可以发现,$\beta_6$ 的值为正,但不显著,$\beta_7$ 的值为负,但不显著,这表明样本内的机构投资者不同质,需要加入相关控制变量后来检验稳定型机构投资者与交易型机构投资者对会计稳健性的影响。

第(5)列在第(4)列的基础上,加入企业性质 SOE、企业规模 SIZE、资产负债率 LEV、市账比 MB 等控制变量以及这些变量与 CFO、DCFO 的交互项对 H2 进行了检验。从第(5)列可以发现,$\beta_6$ 的值为负($\beta_6 = -0.250$,$t = -14.30$),且在 1% 的水平上显著,这说明当机构投资者为稳定型机构投资者时,应计利润 ACC 降低经营活动现金流 CFO 噪音的能力越强。$\beta_7$ 的值为正($\beta_7 = 0.261$,$t = 14.83$),且在 1% 的水平上显著,这表明与交易型机构投资者相比,稳定型机构投资者对会计稳健性的影响更加显著,H2a 再次得到验证。

2. 借鉴 Ball 和 Shivakumar(2005)的盈余反转模型来对 H1 和 H2 进行稳健性检验。具体检验模型如下:

$$\Delta NI_t = \varphi_0 + \varphi_1 D\Delta NI_{t-1} + \varphi_2 \Delta NI_{t-1} + \varphi_3 D\Delta NI_{t-1} \times \Delta NI_{t-1} + \varphi_4 INVH_t$$
$$+ \varphi_5 INVH_t \times D\Delta NI_{t-1} + \varphi_6 INVH_t \times \Delta NI_{t-1} + \varphi_7 INVH_t \times D\Delta NI_{t-1}$$
$$\times \Delta NI_{t-1} + \varphi_8 SOE_t + \varphi_9 SOE_t \times D\Delta NI_{t-1} + \varphi_{10} SOE_t \times \Delta NI_{t-1}$$

$$+ \varphi_{11}SOE_t \times D\Delta NI_{t-1} \times \Delta NI_{t-1} + \varphi_{12}SIZE_t + \varphi_{13}SIZE_t$$
$$\times D\Delta NI_{t-1} + \varphi_{14}SIZE_t \times \Delta NI_{t-1} + \varphi_{15}SIZE_t \times D\Delta NI_{t-1} \times \Delta NI_{t-1}$$
$$+ \varphi_{16}LEV_t + \varphi_{17}LEV_t \times D\Delta NI_{t-1} + \varphi_{18}LEV_t \times \Delta NI_{t-1} + \varphi_{19}LEV_t$$
$$\times D\Delta NI_{t-1} \times \Delta NI_{t-1} + \varphi_{20}MB_t + \varphi_{21}MB_t \times D\Delta NI_{t-1} + \varphi_{22}MB_t$$
$$\times \Delta NI_{t-1} + \varphi_{23}MB_t \times D\Delta NI_{t-1} \times \Delta NI_{t-1} + \xi_t \qquad (4-6)$$

$$\Delta NI_t = \lambda_0 + \lambda_1 D\Delta NI_{t-1} + \lambda_2 \Delta NI_{t-1} + \lambda_3 D\Delta NI_{t-1} \times \Delta NI_{t-1} + \lambda_4 STABLE_t$$
$$+ \lambda_5 STABLE_t \times D\Delta NI_{t-1} + \lambda_6 STABLE_t \times \Delta NI_{t-1} + \lambda_7 STABLE_t$$
$$\times D\Delta NI_{t-1} \times \Delta NI_{t-1} + \lambda_8 SOE_t + \lambda_9 SOE_t \times D\Delta NI_{t-1} + \lambda_{10} SOE_t$$
$$\times \Delta NI_{t-1} + \lambda_{11} SOE_t \times D\Delta NI_{t-1} \times \Delta NI_{t-1} + \lambda_{12} SIZE_t + \lambda_{13} SIZE_t$$
$$\times D\Delta NI_{t-1} + \lambda_{14} SIZE_t \times \Delta NI_{t-1} + \lambda_{15} SIZE_t \times D\Delta NI_{t-1} \times \Delta NI_{t-1}$$
$$+ \lambda_{16} LEV_t + \lambda_{17} LEV_t \times D\Delta NI_{t-1} + \lambda_{18} LEV_t \times \Delta NI_{t-1} + \lambda_{19} LEV_t$$
$$\times D\Delta NI_{t-1} \times \Delta NI_{t-1} + \lambda_{20} MB_t + \lambda_{21} MB_t \times D\Delta NI_{t-1} + \lambda_{22} MB_t$$
$$\times \Delta NI_{t-1} + \lambda_{23} MB_t \times D\Delta NI_{t-1} \times \Delta NI_{t-1} + \xi_t \qquad (4-7)$$

模型（4-6）用于检验 H1，模型（4-7）用于检验 H2。其中 $\Delta NI$ 为净利润的变化额除以期初总资产；$D\Delta NI$ 为哑变量，当 $\Delta NI$ 小于 0 时，取值为 1，否则取值为 0；$\xi_t$ 为残差项，其他变量的含义同模型（4-2）和模型（4-3）。

本节关注模型（4-6）中的 $INVH_t \times D\Delta NI_{t-1} \times \Delta NI_{t-1}$ 的回归系数 $\varphi_7$，因为它度量了由于机构投资者持股比例不同所导致的会计稳健性水平存在的差异，根据 H1a，本节预期 $\varphi_7$ 的符号为显著负；根据 H1b，本节预期 $\varphi_7$ 不显著。同时，本节也关注模型（4-7）中的 $STABLE_t \times D\Delta NI_{t-1} \times \Delta NI_{t-1}$ 的回归系数 $\lambda_7$，因为它度量了稳定型机构投资者和交易型机构投资者对会计稳健性水平影响的差异，根据 H2a，本节预期 $\lambda_7$ 的符号显著为负；根据 H2b，本节预期 $\lambda_7$ 的符号不显著。

表 4-7 报告了假设 1、假设 2 的检验结果，其中第（1）、第（2）列报告了假设 1 的检验结果，第（3）、第（4）列报告了假设 2 的检验结果。第（1）列报告了简化的盈余反转模型下 H1 的检验结果，从第（1）列可以看出 $INVH_t \times D\Delta NI_{t-1} \times \Delta NI_{t-1}$（$\varphi_7 = -0.725$，$t = -3.31$）的系数为负，且在 1% 的水平上显著，这说明了企业的机构投资者持股比例越高，企业

确认坏消息越及时，会计稳健性水平越高，H1a 再次得到验证。第（2）列报告了在控制了 SOE、SIZE、LEV、MB 等相关因素后盈余反转模型下 H1 的检验结果，由第（2）列可知，$INVH_t \times D\Delta NI_{t-1} \times \Delta NI_{t-1}$（$\varphi_7 = -0.827$，$t = -3.82$）的系数为负，且在 1% 的水平上显著，这说明了在控制了其他影响会计稳健性水平的因素后，机构投资者持股比例越高，企业确认坏消息越及时，会计稳健性水平也越高，H1a 再次得到验证。第（3）列报告了简化的盈余反转模型下 H2 的检验结果，从第（3）列可以看出，$STABLE_t \times D\Delta NI_{t-1} \times \Delta NI_{t-1}$（$\lambda_7 = -0.112$，$t = -1.44$）的系数为负，这说明相对于交易型机构投资者来说，稳定型机构投资者确认坏消息更及时，会计稳健性水平也更高，但不显著。第（4）列报告了在控制了 SOE、SIZE、LEV、MB 等相关因素后盈余反转模型下 H2 的检验结果，由第（4）列可知，$STABLE_t \times D\Delta NI_{t-1} \times \Delta NI_{t-1}$（$\lambda_7 = -0.230$，$t = -2.99$）的系数为负，且在 1% 的水平上显著，这说明了在控制了其他影响会计稳健性水平的因素后，相对于交易型机构投资者来说，稳定型机构投资者确认坏消息更及时，其会计稳健性水平也更高，H2a 再次得到验证。

表 4 – 7　机构投资者持股、机构投资者异质性与会计稳健性的多元回归分析（盈余反转模型）

| 变量 | (1) | (2) | (3) | (4) |
| --- | --- | --- | --- | --- |
| 截距 | 0.005 * | -0.165 *** | 0.006 ** | -0.163 *** |
|  | (1.73) | (-4.81) | (2.11) | (-4.75) |
| $D\Delta NI_{t-1}$ | -0.022 *** | -0.015 | -0.022 *** | -0.007 |
|  | (-4.74) | (-0.24) | (-4.62) | (-0.11) |
| $\Delta NI_{t-1}$ | 0.025 | -0.193 | 0.054 *** | -0.174 |
|  | (1.34) | (-1.07) | (2.76) | (-0.97) |
| $D\Delta NI_{t-1} \times \Delta NI_{t-1}$ | -1.104 *** | -2.130 *** | -1.158 *** | -2.127 *** |
|  | (-22.72) | (-4.38) | (-23.38) | (-4.37) |
| $INVH_t$ | 0.031 ** | 0.025 ** |  |  |
|  | (3.02) | (2.44) |  |  |
| $STABLE_t$ |  |  | 0.010 ** | 0.005 |
|  |  |  | (2.53) | (1.41) |

续表

| 变量 | (1) | (2) | (3) | (4) |
|---|---|---|---|---|
| $INVH_t \times D\Delta NI_{t-1}$ | -0.024<br>(-1.26) | -0.021<br>(-1.12) | | |
| $STABLE_t \times D\Delta NI_{t-1}$ | | | -0.010<br>(-1.39) | -0.009<br>(-1.34) |
| $INVH_t \times \Delta NI_{t-1}$ | -0.185**<br>(-2.25) | -0.155*<br>(-1.88) | | |
| $STABLE_t \times \Delta NI_{t-1}$ | | | -0.129***<br>(-4.35) | -0.095***<br>(-3.22) |
| $INVH_t \times D\Delta NI_{t-1} \times \Delta NI_{t-1}$ | -0.725***<br>(-3.31) | -0.827***<br>(-3.82) | | |
| $STABLE_t \times D\Delta NI_{t-1} \times \Delta NI_{t-1}$ | | | -0.112<br>(-1.44) | -0.230***<br>(-2.99) |
| $SOE_t$ | | -0.009**<br>(-2.21) | | -0.009**<br>(-2.17) |
| $SOE_t \times D\Delta NI_{t-1}$ | | -0.007<br>(-1.02) | | -0.007<br>(-0.97) |
| $SOE_t \times \Delta NI_{t-1}$ | | -0.067**<br>(-2.05) | | -0.067**<br>(-2.06) |
| $SOE_t \times D\Delta NI_{t-1} \times \Delta NI_{t-1}$ | | -0.199**<br>(-2.49) | | -0.191**<br>(-2.4) |
| $SIZE_t$ | | 0.009***<br>(5.47) | | 0.009***<br>(5.43) |
| $SIZE_t \times D\Delta NI_{t-1}$ | | -0.001<br>(-0.29) | | -0.001<br>(-0.43) |
| $SIZE_t \times \Delta NI_{t-1}$ | | 0.009<br>(0.97) | | 0.009<br>(0.99) |
| $SIZE_t \times D\Delta NI_{t-1} \times \Delta NI_{t-1}$ | | 0.053**<br>(2.23) | | 0.051**<br>(2.14) |
| $LEV_t$ | | -0.039***<br>(-5.67) | | -0.040***<br>(-5.75) |

续表

| 变量 | (1) | (2) | (3) | (4) |
|---|---|---|---|---|
| $LEV_t \times D\Delta NI_{t-1}$ | | 0.024*** | | 0.025*** |
| | | (2.61) | | (2.71) |
| $LEV_t \times \Delta NI_{t-1}$ | | 0.064*** | | 0.064*** |
| | | (6.72) | | (6.77) |
| $LEV_t \times D\Delta NI_{t-1} \times \Delta NI_{t-1}$ | | -0.124*** | | -0.122*** |
| | | (-5.19) | | (-5.1) |
| $MB_t$ | | 0.001*** | | 0.002*** |
| | | (3.49) | | (3.75) |
| $MB_t \times D\Delta NI_{t-1}$ | | 0.001 | | 0.001* |
| | | (1.58) | | (1.68) |
| $MB_t \times \Delta NI_{t-1}$ | | 0.004*** | | 0.003** |
| | | (2.92) | | (2.49) |
| $MB_t \times D\Delta NI_{t-1} \times \Delta NI_{t-1}$ | | 0.025*** | | 0.028*** |
| | | (6.78) | | (7.46) |
| $Obs$ | 6753 | 6753 | 6753 | 6753 |
| $F$ 统计量 | 187.40*** | 72.05*** | 186.20*** | 71.67*** |
| $Adj\ R^2$ | 0.162 | 0.195 | 0.161 | 0.194 |

注：括号内为 t 值；*** 表示在 1% 的水平上显著；** 表示在 5% 的水平上显著；* 表示在 10% 的水平上显著。

3. 借鉴 Khan 和 Watts（2009）的 C-Score 模型来对 H1 和 H2 进行检验。具体检验模型如下：

$$C\text{-}Score_{it} = \beta_0 + \beta_1 INVH_{it} + \beta_2 SIZE_{it} + \beta_3 SOE_{it} + \beta_4 LEV_{it} + \beta_5 MB_{it} + \varepsilon_{it} \quad (4-8)$$

$$C\text{-}Score_{it} = \beta_0 + \beta_1 STABLE_{it} + \beta_2 SIZE_{it} + \beta_3 SOE_{it} + \beta_4 LEV_{it} + \beta_5 MB_{it} + \varepsilon_{it} \quad (4-9)$$

其中，$C\text{-}Score$ 为企业层面的会计稳健性水平，为采用模型（4-10）、模型（4-11）估计得出，其他变量定义同模型（4-2）和模型（4-3）。在模型（4-8）中，若 $\beta_1$ 的系数显著为正，则表明随着机构投资者持股比例的增加，公司的会计稳健性水平也正向增加，H1a 得到验证；若 $\beta_1$ 的系数不显著，则表明机构投资者并不需要会计稳健性，H1b 得到验证。在模型（4-9）中，若 $\beta_1$ 的系数显著为正，则表明与交易型机构投资者相比，稳定型机构投资者对会计稳健性的影响更加显著，H2a 得到验证；若 $\beta_1$ 的系数不显著，则表明与交易型机构投资者相比，稳定型机构投资者对会计稳健性的影响并不显著，H2b 得到验证。

本节采用模型（4-10）、模型（4-11）来估算会计稳健性水平 C-Score。

$$X_i = \beta_0 + \beta_1 DR_i + R_i(\nu_1 + \nu_2 SIZE_i + \nu_3 MB_i + \nu_4 LEV_i) + DR_i \\ \times R_i(\nu_1 + \nu_2 SIZE_i + \nu_3 MB_i + \nu_4 LEV_i) + (\delta_1 SIZE_i + \delta_2 MB_i \\ + \delta_3 LEV_i + \delta_4 DR_i \times SIZE_i + \delta_5 DR_i \times MB_i + \delta_6 DR_i \times LEV_i) + \xi_i$$
(4-10)

在模型（4-10）中，$i$ 表示公司 $i$；$X$ 表示公司每股盈余除以其上一年年末的股票收盘价；$R$ 表示公司 $t$ 年 5 月至 $t+1$ 年 4 月共 12 个月的买—持股票收益率（BHR），$DR$ 为哑变量，当 $R$ 小于 0 时，取值为 1，否则取值为 0；$SIZE$ 为企业规模，等于年末股权市值的自然对数；其他变量定义同模型（4-1）和模型（4-2）。

本节对模型（4-10）进行逐年回归，将估计出的系数代入模型（4-11），即可求出公司的年度会计稳健性水平得分 $C-Score$。

$$C - Score = \nu_1 + \nu_2 SIZE_i + \nu_3 MB_i + \nu_4 LEV_i \quad (4-11)$$

表 4-8 报告了采用 $C-Score$ 作为公司层面会计稳健性水平的代理变量时，机构投资者持股、机构投资者异质性对会计稳健性水平影响的多元回归结果。第（1）列报告了自变量为机构投资者持股比例 INVH 的回归结果，由第（1）列可知，INVH 的系数（$\beta_1 = 0.075$，$t = 7.81$）为正，且在 1% 的水平上显著，这说明了机构投资者比例越高，会计稳健性水平越高，H1a 再次得到验证。第（2）列报告了自变量为稳定型机构投资者 STABLE 的回归结果，由第（2）列可知，STABLE 的系数（$\beta_1 = 0.006$，$t = 1.66$）为正，且在 10% 的水平上显著，这说明了相对于交易型机构投资者来说，稳定型机构投资者对会计稳健性的影响更加显著，H2a 再次得到验证。

表 4-8　机构投资者持股、机构投资者异质性对会计稳健性的影响（因变量 $C-Score$）

| 变量 | (1) | (2) |
| --- | --- | --- |
| 截距 | 0.311*** | 0.331*** |
|  | (9.60) | (10.19) |
| INVH | 0.075*** |  |
|  | (7.81) |  |
| STABLE |  | 0.006* |
|  |  | (1.66) |
| SIZE | -0.014*** | -0.015*** |
|  | (-9.39) | (-9.59) |
| SOE | -0.004 | -0.003 |
|  | (-1.05) | (-0.44) |
| LEV | 0.007*** | 0.006** |
|  | (2.93) | (2.72) |
| MB | 0.0003*** | 0.0003*** |
|  | (11.76) | (11.91) |
| Obs | 6263 | 6263 |
| F 统计量 | 64.43*** | 52.31*** |
| Adj $R^2$ | 0.048 | 0.039 |

注：括号内为 t 值；*** 表示在 1% 的水平上显著；** 表示在 5% 的水平上显著；* 表示在 10% 的水平上显著。

## 4.5.2　机构投资者类型划分敏感性检验

本节借鉴了 Elyasiani 等（2010）的做法，以五年的时间窗口来考察机构投资者的稳定性，即采用公司的机构投资者当年持股比例除以其前五年的机构投资者持股比例的标准差作为从时间维度度量机构投资者稳定性的指标，行业维度不变。本节仍然采用模型（4-2）、模型（4-3）来检验 H1 和 H2。

表 4-9 报告了在考虑五年持股比例变动情况下，机构投资者持股比

例、机构投资者异质性对会计稳健性影响的多元回归结果,其中第(1)列报告了 H1 的检验结果;第(2)列报告了 H2 的检验结果。

表 4-9　机构投资者、机构投资者异质性与会计稳健性的
多元回归分析(考虑五年持股比例变动情况)

| 变量 | (1) | (2) |
| --- | --- | --- |
| 截距 | -0.099<br>(-1.61) | -0.089<br>(-1.45) |
| INVH | 0.078***<br>(5.18) | |
| STABLE | | 0.010**<br>(2.40) |
| SOE | -0.017***<br>(-3.45) | -0.017***<br>(-3.45) |
| SIZE | -0.002<br>(-0.75) | -0.002<br>(-0.83) |
| LEV | 0.208***<br>(13.52) | 0.206***<br>(13.38) |
| MB | 0.004***<br>(2.90) | 0.004***<br>(3.43) |
| 行业 | 已控制 | 已控制 |
| 年度 | 已控制 | 已控制 |
| Obs | 3673 | 3673 |
| F 统计量 | 21.08*** | 19.96*** |
| Adj $R^2$ | 0.103 | 0.098 |

注:括号内为 t 值;*** 表示在 1% 的水平上显著;** 表示在 5% 的水平上显著;* 表示在 10% 的水平上显著。

从第(1)列中可以发现,机构投资者持股比例 INVH 与公司会计稳健性水平 CON 之间正相关($\beta_1 = 0.078$, $t = 5.18$),且在 1% 的水平上显著,这说明了公司的机构投资者持股比例越高,会计稳健性水平越高,H1a 再次得到验证。

从第(4)列中可以发现,稳定型机构投资者 STABLE 与公司会计稳健

性水平 $CON$ 之间正相关（$\beta_1 = 0.010$, $t = 2.40$），且在 5% 的水平上显著，这说明了与交易型机构投资者相比，稳定型机构投资者对公司会计稳健性水平的影响更加显著，再次验证了 H2a。

### 4.5.3 关于内生性

上述实证分析结果表明机构投资者持股比例与会计稳健性水平之间显著正相关，这一研究发现验证了机构投资者需要稳健的财务报告。然而，这一研究发现也许可以被解释为财务报告稳健的公司吸引了更多机构投资者的投资，这种反向因果关系在机构投资者偏好公司治理机制（如稳健的财务报告）好的公司来降低监督成本时是可能存在的。为了克服机构投资者持股与会计稳健性研究过程中的内生性问题，本章借鉴 Elyasiani 和 Jia（2008、2010）的做法，采用公司的股票换手率作为工具变量来检验机构投资者持股对公司会计稳健性水平的影响，具体检验模型如下：

$$INVH_{it} = \beta_0 + \beta_1 HSL_{it} + \beta_2 SOE_{it} + \beta_3 SIZE_{it} + \beta_4 LEV_{it} + \beta_5 MB_{it} + \sum Industry + \sum Year + \varepsilon_{it} \quad (4-12)$$

$$CON_{it} = \beta_0 + \beta_1 INVH_{it} + \beta_2 SOE_{it} + \beta_3 SIZE_{it} + \beta_4 LEV_{it} + \beta_5 MB_{it} + \sum Industry + \sum Year + \varepsilon_{it} \quad (4-13)$$

其中，$HSL$ 为换手率，等于股票年交易量除以流通股总股数，其余变量定义同模型（4-2）、模型（4-3）。

表 4-10 报告了采用换手率作为工具变量情形下的多元回归结果。表 4-10 的第（1）列报告了模型（4-12）的回归结果，从表 4-10 的第（1）列可以看出，换手率 $HSL$ 与机构投资者持股比例 $INVH$ 之间负相关（$\beta_1 = -0.030$, $t = -13.02$），且在 1% 的水平上显著，这在一定程度上说明了股票交易越频繁，机构投资者持股比例越小。

表 4-10 的第（2）列报告了模型（4-13）的回归结果，从表 4-10 的第（2）列可以看出，机构投资者持股比例 $INVH$ 与公司会计稳健性水平 $CON$ 之间正相关（$\beta_1 = 1.094$, $t = 6.55$），且在 1% 的水平上显著，这说明了机构投资者持股比例越高，公司的会计稳健性水平越高，H1a 再次得到验证。

表 4-10　机构投资者持股与会计稳健性的多元回归分析
（换手率作为工具变量）

| 变量 | (1) | (2) |
| --- | --- | --- |
| 截距 | 0.284*** | -0.619 |
|  | (5.98) | (-6.42) |
| HSL | -0.030*** |  |
|  | (-13.02) |  |
| INVH |  | 1.094*** |
|  |  | (6.55) |
| SOE | 0.006 | -0.017* |
|  | (1.27) | (-1.70) |
| SIZE | -0.004** | 0.016*** |
|  | (-2.06) | (3.89) |
| LEV | -0.050 | 0.347*** |
|  | (-5.33) | (15.58) |
| MB | 0.002 | 0.0003 |
|  | (4.34) | (0.30) |
| 行业 | 已控制 | 已控制 |
| 年度 | 已控制 | 已控制 |
| Obs | 7033 | 7033 |
| F 统计量 | 46.82*** | 52.40*** |
| Adj $R^2$ | 0.120 | 0.133 |

注：括号内为 t 值，*** 表示在 1% 的水平上显著；** 表示在 5% 的水平上显著；* 表示在 10% 的水平上显著。

## 4.6　本章结论与启示

本章以 2007—2012 年我国沪深两市 A 股上市公司为研究对象，采用 Givoly 和 Hyan（2000）的累计非经营性应计利润的负数作为公司会计稳健性水平的代理变量，考察了机构投资者整体持股以及不同性质的机构投资者对会计稳健性的影响。本章研究发现，机构投资者持股比例越高，会计稳健性水平越高。本章也借鉴了 Elyasiani 和 Jia（2010）、牛建波等（2013）、李争光等（2014，2015）的研究，将机构投资者划分为交易型机构投资者与稳定型机构投资者，在此基础上进一步检验了不同性质的机构投资者对会计稳健性的影响，研究发现与交易型机构投资者相比，稳定型机构投资者对公司会计稳健性的影响更加显著。本章还进行了一系列稳健性检验：（1）采用 Ball 和 Shivakumar（2005）的应计现金流模型来度量会计稳健性，考察了机构投资者整体持股以及不同性质的机构投资者对会计稳健性的影响。（2）采用 Ball 和 Shivakumar（2005）的盈余反转模型来度量会计稳健性，考察了机构投资者整体持股以及不同性质的机构投资者对会计稳健性的影响。（3）借鉴 Khan 和 Watts（2009）的 C – Score 模型估算出公司层面的年度会计稳健性水平，然后检验了机构投资者整体持股、不同性质的机构投资者对公司会计稳健性水平的影响。（4）借鉴 Elyasiani 等（2010）的做法，拉长时间窗口，从更长的时间窗口内考察机构投资者的稳定性，在此基础上考察了机构投资者整体持股以及交易型、稳定型机构投资者对会计稳健性的影响。（5）考虑到机构投资者与会计稳健性研究过程中可能存在的内生性问题，本章借鉴 Elyasiani 和 Jia（2008，2010）的做法，采用公司的股票换手率作为工具变量来检验机构投资者持股对公司会计稳健性水平的影响。稳健性检验的结果再次验证了本章的 H1a 和 H2。

本章的研究结论具有重要的理论与现实意义：首先，本章研究发现，机构投资者持股比例越高，公司的会计稳健性水平越高，这表明机构投资者作为我国资本市场的重要参与者和上市公司的大股东参与公司治理发挥了积极效应，在一定程度上保证了资本市场的信息透明度，这也为会计稳健性进一步建设提供了转型国家的经验证据。其次，本章研究结论表明，政府监管部门应该围绕国务院 2014 年 5 月 9 日颁布的《关于进一步促进资本市场健康发展的若干意见》（简称新"国九条"）第十九条中关于"壮大专业机构投资者"的要求，从体制机制上建立有利于机构投资者大发展的制度环境，壮大专业机构投资者队伍，提高证券基金、养老基金等机构投资者的持有资金在沪深两市 A 股市值中的比重。再次，本章研究发现，与交易型机构投资者相比，稳定型机构投资者对公司会计稳健性的影响更加显著，深化了会计稳健性经济后果、机构投资者公司治理效应以及机构投资者异质性等领域的研究。最后，本章的研究结论表明，政府监督部门应充分认识不同性质的机构投资者对资本市场信息透明度和上市公司会计信息质量的影响存在的显著差异，在大力发展机构投资者，不断提高机构投资者在沪深两市 A 股市值中的持股比例的同时，注重发展监管型、长期型、价值型的机构投资者［如社保基金、养老基金和合格境外机构投资者（QFII）］，以确保机构投资者产生积极的公司治理效应。

# 第 5 章

# 机构投资者异质性、会计稳健性与股权融资成本

# 第5章 机构投资者异质性、会计稳健性与股权融资成本

本书除了从机构投资者异质性视角考察机构投资者对会计稳健性的影响外，还进一步从股权融资成本、投资效率等两个视角来深入考察机构投资者异质性对会计稳健性经济后果的影响。本章是在第4章研究结论的基础上，以我国2007—2012年的A股上市公司为研究对象，采用多元回归模型考察了机构投资者异质性对会计稳健性与股权融资成本之间关系的影响。

## 5.1 引言

本章从机构投资者异质性视角考察会计稳健性对股权融资成本的影响。会计稳健性对经济收益的验证标准要高于对经济损失的验证标准，从而导致盈余反映坏消息比反映好消息更加及时，低估企业的净资产（Basu，1997；Holthausen和Watts，2001），也就是说会计稳健性实际上是对收益与损失进行非对称确认，这也是会计稳健性的一个重要特征。近年来，有一些国内外学者对会计稳健性与股权融资成本之间的关系进行了研究。国外学者的研究目前已经取得了一致结论，即认为会计稳健性与股权融资成本负相关（Guay和Verrecchia，2007；Suijs，2008；Lambert等，2007、2012；LaFond和Watts，2008；Li，2009；Lara等，2011）。相对于国外学者的研究，国内学者对会计稳健性与股权融资成本之间关系的研究较少，并且还尚未取得与国外文献一致的结论，即一些国内学者得出了与国外文献一致的结论，认为会计稳健性与股权融资成本负相关（如张圣利，2012）；另一些国内学者认为会计稳健性对事前股权融资成本和事后股权融资成本没有显著影响（如毛新述，2009）。上述国内外文献主要考察了会计稳健性与股权融资成本这两个变量之间的关系，而尚未有文献考察机构投资者异质性对会计稳健性与股权融资成本之间关系的影响，为此本章尝试从机构投资者异质性这一视角来考察会计稳健性对股权融资成本的影响。本章的研究对丰富和拓展会计稳健性与股权融资成本之间关系的

研究具有十分重要的理论和现实意义。

本书第 4 章接受了并不是所有的机构投资者都是同质的观点，以我国 2007—2012 年的 A 股上市公司为研究对象，考察了机构投资者整体持股以及不同性质的机构投资者对会计稳健性的影响，研究发现机构投资者持股比例越高，公司的会计稳健性水平越高；在将机构投资者划分为交易型与稳定型后进一步分析发现，与交易型机构投资者相比，稳定型机构投资者对会计稳健性的影响更加显著。那么不同性质的机构投资者对会计稳健性与股权融资成本之间关系的影响是否会存在差异呢？这是一个学术界尚未关注的问题。

为了回答上述问题，本章与第 4 章一样，借鉴了 Elyasiani 和 Jia（2010）、牛建波等（2013）、李争光等（2014、2015）的研究，将机构投资者按照投资期限与持股动机的不同划分为稳定型机构投资者与交易型机构投资者等两类性质截然不同的机构股东，在此基础上，以我国 2007—2012 年的 A 股上市公司作为研究样本，采用多元回归模型从机构投资者异质性角度考察了不同性质的机构投资者对会计稳健性与股权融资成本之间关系的影响。本章的经验证据表明，与交易型机构投资者相比，稳定型机构投资者强化了会计稳健性与股权融资成本之间的负相关关系，这充分说明了与交易型机构投资者相比，稳定型机构投资者对其投资公司的监督更加有效，从而强化了会计稳健性与股权融资成本之间的负相关关系。同时，本章还为学术界已有的会计稳健性与股权融资成本之间负相关的观点提供了新的经验证据。

本章的研究具有以下两点理论贡献：第一，丰富和拓展了会计稳健性与股权融资成本之间关系领域的文献。已有文献主要考察了会计稳健性与股权融资成本之间的关系（Guay 和 Verrecchia，2007；Suijs，2008；Lambert 等，2007、2012；LaFond 和 Watts，2008；Li，2009；Lara 等，2011；张圣利，2012；毛新述，2009），但尚未有文献考察机构投资者异质性对会计稳健性与股权融资成本之间关系的影响。本章基于机构投资者异质性视角，考察了与交易型机构投资者相比，稳定型机构投资者对会计稳健性与股权融资成本之间关系的影响，从机构投资者异质性视角丰富和拓展了会计稳健性与股权融资成本之间关系领域的研究。第二，丰富了会计稳健性与股权融资成本之间关系领域的文献。由于考察机构投资者异质性对会计稳健性与股权融资成本之间关系的影响的前提是会计稳健性能够对股权融资成本产生影响，故本章还对学术界已有的会计稳健性与股权融资成本之间负相关的观点进行了再次验证（Guay 和 Verrecchia，2007；Suijs，2008；Lambert 等，2007、2012；LaFond 和 Watts，2008；Li，2009；Lara 等，2011），从而在一定程度上丰富了会计稳健性与股权融资成本之间关系领域的文献。

本章的后续内容安排如下：第二部分进行理论分析并提出研究假说，为本章的实证检验奠定理论基础；第三部分讨论研究设计，提出本章的实证检验模型以及会计稳健性、股权融资成本、机构投资者异质性的度量办法；第四部分报告实证结果；第五部分进行稳健性检验；第六部分对本章进行总结。

## 5.2　理论分析与研究假说

当公司的所有权与控制权分离时，公司管理层与股东之间便形成了委托代理关系（Jensen 和 Meckling，1976）。在委托代理关系下，公司管理层本来应该按照企业价值最大化的目标安排企业生产经营和投资等活动，但是由于信息不对称的客观存在，公司管理层与所有者的目标经常会不一致，这时公司管理层就有动机采取战略行动并披露前景好和实现程度高的信息（Dye，2001）。在稳健的财务报告缺少监管力度时，公司管理层在盈余中以更加及时的方式确认好消息，自愿披露未来预期现金流量的最高值；同时，他们也会通过推后确认难于验证的损失以及隐藏实现程度低的预期未来现金流量来影响信息的充分披露。Tate 等（2010）发现当公司管理层与其所有者的目标不一致时，公司管理层试图隐藏信息，公司管理层的这种隐藏信息的做法，将在一定程度上增加公司内部与外部之间的信息不对称程度，从而代理冲突更加严重。信息不对称程度越高，代理冲突越严重，表明股东的风险越大，股东需要公司提供的风险补偿也越高，从而公司的股权融资成本也越高。

　　Basu（1997）将会计稳健性定义为在盈余中确认好消息比确认坏消息需要更加严格的验证标准，即在盈余中确认损失比确认收益更加及时，他认为会计稳健性是会计信息质量的最一般特征。由于这种一般性可以被解释为会计稳健性可以给公司的不同利益相关者带来预期利益，所以会计稳健性作为一种公司治理机制对债权人和股东都有利。LaFond 和 Watts（2008）认为会计稳健性被预期能够降低公司管理层与外部投资者之间的信息不对称程度，稳健的财务报告可能使得资本市场的信息更加透明，促进了资本市场的健康发展。Klein 和 Bawa（1976）、Barry 和 Brown（1985）、Coles 和 Loewenstein（1988）、Handa 和 Linn（1993）、Coles 等（1995）、Clarkson 等（1996）认为信息的充分披露降低了投资者在评价被投资公司的资产收益率和股利支付分布过程中的风险估计。Guay 和 Verrecchia（2007）从理论上证实了非对称的财务报告能够保证信息的充分披露。信息的充分披露增强了股票市场的流动性，从而通过降低交易成本而降低公司股权融资成本（Demsetz，1968；Copeland 和 Galai，1983；Glosten 和 Milgrom，1985；Amihud 和 Mendelson，1986；Diamond 和 Verrecchia，1991）。Foster（2003）在财务信息背景下，发现较多的信息披露将最终带来的是资本成本的降低。Lambert 等（2007，2012）研究发现，一般来说，公司管理层通过改善会计信息质量，增加了市场参与者评估公司未来现金流量的准确性，因此降低了股权资本成本。因此，可以发现会计稳健性由于对好消息与坏消息进行非对称确认，保证了会计信息的充分披露，信息的充分披露增强了股票市场的流动性。股票市场流动性的增强可以通过降低交易成本而降低公司股权融资成本。根据上述分析可以看出，会计稳健性与股权融资成本之间负相关。

　　已有研究表明，机构投资者之间也存在差异。许多国内外学者从不同的角度对机构投资者的分类进行了研究（Brickley 等，1988；Bushee，1998；Almazan 等，2005；Chen 等，2005；Bushee 等，2010；牛建波等，

2013；李争光等，2014、2015）。通过对机构投资者的各种分类方法进行分析，本书认为 Elyasiani 和 Jia（2010）关于机构投资者稳定性的度量模型考虑了机构投资者的投资期限和持股动机，从时间和行业两个维度度量了机构投资者的稳定性，就我国机构投资者而言，这种分类比较合理且符合我国的国情，故本书与牛建波等（2013）、李争光等（2014、2015）的做法一致，借鉴 Elyasiani 等（2010）的研究，将机构投资者划分为交易型与稳定型机构投资者，在此基础上考察机构投资者异质性对会计稳健性与股权融资成本之间关系的影响。稳定型机构投资者的特征是注重对其投资的上市公司的长期关注以及主动参与企业的公司治理、监督企业管理层的行为，是上市公司的长线投资者，而交易型机构投资者的特征是对其投资的上市公司的持股具有明显的投机性，其不看重上市公司的长期经营和盈利，总是寄希望于根据短期内的股价波动进行交易来获得利益。

Pound（1988）在考察机构投资者与盈余管理之间的关系时提出了机构投资者在公司治理过程中能否发挥作用的三种假说，即有效监督假说、无效监督假说和利益合谋假说。在有效监督假说下，机构投资者的监督更有可能导致企业绩效的改善，因为作为具有专业优势的大股东，机构投资者有动机和能力监督公司管理层，与小股东相比，花费的监督成本非常小，机构投资者也能够向公司管理层施加影响以改变公司的治理活动和经营行为。在无效监督假说下，机构投资者则可能扮演短期交易者的角色，根据其投资组合平衡的需要来决定持有或卖出股票，这种类型的机构投资者通常不干预被投资对象的公司治理。在利益合谋假说下，机构投资者为了侵占分散的小股东的利益而与被投资公司的管理层进行合谋。

Chen 等（2007）、李争光等（2014）认为，与交易型机构投资者相比，稳定型机构投资者对公司的状况有着更深入的了解，能够更加积极地监管公司管理层的行为。Yan 和 Zhang（2009）、李争光等（2015）研究发现，与稳定型机构投资者相比，交易型机构投资者更倾向于进行频繁的股票交易，其监督公司管理层行为的积极性不高。Ramalingegowda 和 Yu（2009）研究发现，仅监督型机构投资者才需要会计稳健性。从这个角度来说，监督型机构投资者的公司治理效应符合有效监督假说。

根据稳定型机构投资者和交易型机构投资者的定义与特征，可以判断出稳定型机构投资者是监督型机构投资者，在公司治理中的效应符合 Pound（1988）提出的有效监督假说，而交易型机构投资者不是监督型机构投资者，在公司治理中的效应符合 Pound（1988）提出的无效监督假说。

通过上述分析可知，与交易型机构投资者相比，稳定型机构投资者对公司管理层的监督更加积极，具有积极监督特征的机构投资者才需要稳健的财务报告，所以稳定型机构投资者对会计稳健性的影响更加显著。会计稳健性水平越高，公司的股权融资成本越低，故当公司的机构投资者为稳定型机构投资者时，能够强化会计稳健性与股权融资成本之间的负相关关系。

根据上述分析，提出本章的假设：

H：在其他条件不变的前提下，与交易型机构投资者相比，稳定型机构投资者强化了会计稳健性与股权融资成本之间的负相关关系。

## 5.3 研究设计

### 5.3.1 样本选择与数据来源

本章的研究样本与第 4 章保持一致，相关财务数据来自 CSMAR 数据库，机构投资者持股比例数据主要来自 RESSET 数据库。

本章的样本筛选过程如下：(1) 剔除了金融类行业的观测值；(2) 剔除了其他控制变量缺失的观测值；(3) 剔除股权融资成本异常的观测值；(4) 剔除了机构投资者持股比例数据缺失的观测值；(5) 剔除了机构投资者稳定性异常的观测值；(6) 针对主要连续变量在 1% 和 99% 分位数上进行缩尾。经过上述的筛选后，本书的最终样本为 3891 个公司—年度观测值。表 5-1 的 Panel A 部分详细介绍了样本的筛选过程以及最终样本数量。

表5-1中Panel B部分报告了按照中国证监会制定的行业分类标准对全样本,以及稳定型机构投资者与交易型机构投资者两个子样本进行行业分类的结果。Panel B的第1列报告了全样本的行业分布情况:制造业(C)在整个样本中的比例最高,达到了56.62%,第(2)列、第(3)列报告了稳定型机构投资者、交易型机构投资者的样本分布情况:通过比较可以看出,在全样本中,交易型机构投资者比例为51.02%;稳定型机构投资者的比例为48.98%,与交易型机构投资者相比低了近2个百分点。两类子样本的行业分布比较一致,其中制造业、批发和零售贸易业的比例位居前两位,这表明稳定型机构投资者与交易型机构投资者在不同行业内并不存在明显差异。

表5-1　　　　　样本选择和行业分布的描述性信息

| Panel A:样本选择标准 | |
|---|---|
| 2007—2012年通过CSMAR与RESSET合并得到的公司——年度观测值 | 12720 |
| 减:金融类企业的观测值 | (201) |
| 其他控制变量数据缺失的观测值 | (5698) |
| 股权融资成本异常的观测值 | (2701) |
| 小计 | 4120 |
| 减:机构投资者持股比例数据缺失的观测值 | (93) |
| 机构投资者稳定性异常的观测值 | (136) |
| 最终样本 | 3891 |

Panel B:样本的行业和机构投资者异质性分类

| 行业名称 | 全样本 | | 稳定型机构投资者 | | 交易型机构投资者 | |
|---|---|---|---|---|---|---|
| A | 85 | 2.18% | 43 | 2.26% | 42 | 2.12% |
| B | 86 | 2.21% | 43 | 2.26% | 43 | 2.17% |
| C | 2203 | 56.62% | 1077 | 56.51% | 1126 | 56.73% |
| D | 179 | 4.60% | 85 | 4.46% | 94 | 4.74% |
| E | 84 | 2.16% | 41 | 2.15% | 43 | 2.17% |
| F | 168 | 4.32% | 82 | 4.30% | 86 | 4.33% |
| G | 235 | 6.04% | 122 | 6.40% | 113 | 5.69% |
| H | 257 | 6.60% | 126 | 6.61% | 131 | 6.60% |
| J | 244 | 6.27% | 119 | 6.24% | 125 | 6.30% |

续表

| 行业名称 | 全样本 | | 稳定型机构投资者 | | 交易型机构投资者 | |
|---|---|---|---|---|---|---|
| K | 122 | 3.14% | 55 | 2.89% | 67 | 3.38% |
| L | 29 | 0.75% | 14 | 0.73% | 15 | 0.76% |
| M | 199 | 5.11% | 99 | 5.19% | 100 | 5.04% |
| 合计 | 3891 | 100% | 1906 | 100% | 1985 | 100% |

注：Panel A 列报了样本选择过程。Panel B 列报了全样本、稳定型机构投资者以及交易型机构投资者子样本的行业分布。本章按照中国证监会的分类标准对样本进行行业分类。A 代表农、林、牧、渔业；B 代表采掘业；C 代表制造业；D 代表电力、煤气及水的生产和供应业；E 代表建筑业；F 代表交通运输、仓储业；G 代表信息技术业；H 代表批发和零售贸易；J 代表房地产业；K 代表社会服务业；L 代表传播与文化产业；M 代表综合类企业。

### 5.3.2 变量的选择与度量

1. 股权融资成本的度量

股权融资成本，是指公司开展的一项投资为了达到股东或投资者的要求而必须赚取的最小风险调整收益率（Indjejikian，2007）。本章借鉴姜付秀和陆正飞（2006）、姜付秀等（2008）的研究，采用资本资产定价模型（CAPM）来计算公司的股权融资成本，其计算公式如下：

$$股权融资成本 = 无风险收益率 + \beta \times (市场年收益率 - 无风险收益率) \quad (5-1)$$

其中，无风险收益率为上海证券交易所当年交易的最长期国债的平均利率；$\beta$ 为通过 RESSET 数据库搜集的公司的系统性风险；市场年收益率为考虑现金股利再投资的综合月平均收益率乘以 12（姜付秀和陆正飞，2006；姜付秀等，2008）。

2. 稳定型机构投资者与交易型机构投资者的度量

本章与第 4 章的做法保持一致，借鉴 Elyasiani 和 Jia（2010）、牛建波等（2013）、李争光等（2014，2015）对机构投资者的分类和度量方法，将机构投资者按照其投资期限和持股动机划分为交易型与稳定型机构投资者，然后从时间和行业两个维度度量机构投资者的异质性，具体计算公式详见第 4 章的公式（4-1），在此不再赘述。

**3. 会计稳健性水平的度量**

本章与第 4 章的做法保持一致，仍借鉴 Givoly 和 Hyan（2000）的做法，采用过去三年的累计非经营性利润的负数度量公司层面的会计稳健性水平，在此基础上对本章的研究假设进行检验。选择累计非经营性利润的负数度量公司层面的会计稳健性水平的原因详见本书第 4 章，在此不再赘述。

**4. 其他相关控制变量**

本章借鉴已有的研究成果（叶康涛和陆正飞，2004；姜付秀和陆正飞，2006；蒋琰，2009），还控制了如下变量：资产负债率 $LEV$、企业规模 $SIZE$、账市比 $BM$、净资产收益率 $ROE$、第一大股东持股比例 $CN1$、高管前三名薪酬总额的自然对数 $SALARY$、反映上市公司系统性风险的贝塔系数 $BETA$、换手率 $HSL$。变量的具体定义如表 5-2 所示。

表 5-2　　　　　　　　　　主要变量定义表

| 变量名称 | 变量代码 | 变量定义 |
| --- | --- | --- |
| 股权融资成本 | $EC$ | 本章采用资本资产定价模型来计算股权融资成本，具体计算详见公式（5-1） |
| 会计稳健性水平 | $CON$ | 公司会计稳健性水平，等于过去三年的累计非经营性应计利润的负数除以期初总资产；非经营性应计利润＝净利润－经营活动现金净流量－经营性应计利润 |
| 机构投资者稳定性的哑变量 | $STABLE$ | 哑变量，当机构投资者稳定性指标大于（含等于）其同行业同年度的中位数时，取值为 1；否则取值为 0，具体计算公式详见第 4 章的公式（4-1） |
| 资产负债率 | $LEV$ | 年末负债账面总额/年末总资产账面总额 |
| 企业规模 | $SIZE$ | 企业年末总资产的自然对数 |
| 账市比 | $BM$ | 年末股权账面价值/年末股权市值；年末股权市值＝年末流通股股数×每股收盘价＋年末非流通股股数×每股净资产 |
| 净资产回报率 | $ROE$ | 净利润/平均净资产；平均净资产＝（本年末净资产＋上年末净资产）/2 |
| 第一大股东持股比例 | $CN1$ | 第一大股东持股股数/普通股总股数 |

续表

| 变量名称 | 变量代码 | 变量定义 |
|---|---|---|
| 高管薪酬 | SALARY | 高管前三名薪酬总额的自然对数 |
| 贝塔系数 | BETA | 上市公司系统性风险 |
| 换手率 | HSL | 股票年交易量/流通股总股数 |

### 5.3.3 实证检验模型

由于考察机构投资者异质性对会计稳健性与股权融资成本之间关系的影响的前提是会计稳健性能够对公司股权融资成本产生影响,故在考察机构投资者异质性对会计稳健性与股权融资成本之间关系的影响前,本章首先考察了会计稳健性对公司股权融资成本的影响。

1. 本章采用模型(5-2)来检验会计稳健性对股权融资成本的影响:

$$EC = \beta_0 + \beta_1 CON + \beta_2 LEV + \beta_3 SIZE + \beta_4 BM + \beta_5 ROE + \beta_6 CN1 + \beta_7 SALARY + \beta_8 BETA + \beta_9 HSL + \varepsilon \qquad (5-2)$$

其中,$EC$ 为采用资本资产定价模型(CAPM)计算的股权融资成本;$CON$ 为会计稳健性水平,等于过去三年的累计非经营性应计利润的负数除以期初总资产,非经营性应计利润等于净利润减去经营活动现金净流量和经营性应计利润;$LEV$ 为资产负债率,等于年末总负债除以年末总资产;$SIZE$ 为企业规模,等于年末总资产的自然对数;$BM$ 为账市比,等于年末股权账面价值除以股权市场价值;$ROE$ 为净资产收益率,等于年末净利润除以平均净资产;$CN1$ 为第一大股东持股比例,等于上市公司披露的第一大股东持股数除以普通股总股数;$SALARY$ 为高管薪酬,等于公司高管前三名薪酬总额的自然对数;$BETA$ 为上市公司系统性风险的贝塔系数;$HSL$ 为换手率,等于股票年交易量除以流通股总股数;$\varepsilon$ 为误差项。

2. 本章采用模型(5-3)、模型(5-4)来检验机构投资者异质性对会计稳健性与股权融资成本之间关系的影响:

$$EC(STABLE = 0) = \beta_0 + \beta_1 CON + \beta_2 LEV + \beta_3 SIZE + \beta_4 BM + \beta_5 ROE + \beta_6 CN1 + \beta_7 SALARY + \beta_8 BETA + \beta_9 HSL + \varepsilon \qquad (5-3)$$

$$EC(STABLE = 1) = \beta_0 + \beta_1 CON + \beta_2 LEV + \beta_3 SIZE + \beta_4 BM + \beta_5 ROE +$$
$$\beta_6 CN1 + \beta_7 SALARY + \beta_8 BETA + \beta_9 HSL + \varepsilon \quad (5-4)$$

其中，STABLE 为机构投资者稳定性的标识变量，当公司的机构投资者为稳定型机构投资者时，则取值为 1；当公司的机构投资者为交易型机构投资者时，则取值为 0；其他变量的定义同模型（5-2）。若模型（5-4）中的 $\beta_1$ 与模型（5-3）中的 $\beta_1$ 相比显著为负，则本章的研究假设成立。

## 5.4 实证结果分析

### 5.4.1 描述性统计

主要连续变量的描述性统计结果见表 5-3 所示。从表 5-3 可以看出，股权融资成本 EC 的均值为 0.084，标准差为 0.562，最小值为 0.001，最大值为 0.644，说明样本在这个指标上具有很大的差异；会计稳健性水平 CON 的均值为 0.176，标准差为 0.125，最小值为 0.125，最大值为 1.644，说明了样本在该指标上具有很大差异。财务杠杆 LEV 的均值为 0.511，这说明样本公司的平均负债水平较高，标准差为 0.189，最小值为 0.081，最大值为 0.921，说明了样本在该指标上并不具有很大差异。公司规模 SIZE 的均值为 21.803，标准差为 1.206，最小值为 19.236，最大值为 25.377，这说明样本在公司规模上并不具有很大差异。账市比 BM 的均值为 0.251，标准差为 0.148，最小值为 0.024，最大值为 0.768，这说明样本在公司规模上并不具有很大差异。净资产收益率 ROE 的均值为 0.133，标准差为 0.079，最小值为 0.087，最大值为 0.507，这说明样本公司的平均盈利水平不足 15%。第一大股东持股比例 CN1 的均值为 0.357，标准差为 0.154，最小值为 0.035，最大值为 0.862，这说明样本中第一大股东持股比例大约 36%，且样本在该指标上的差异较大。高管薪酬 SALARY 的均值为 13.725，标准差为 0.788，最小值为 11.749，最大值为 15.602，这说明样本在该指标上的差异较大。上市公司系统性风险 $BETA$ 的均值为 1.044，标准差为 0.191，这说明上市公司的系统风险较大，样本在该指标上的差异性不大。换手率 $HSL$ 的均值为 2.287，标准差为 1.162，这表明样本公司一年内的股票交易频繁，且波动较大。

表 5-3 样本描述性统计

| 变量名 | 样本量 | 均值 | 标准差 | 最小值 | Q1 | 中位数 | Q3 | 最大值 |
| --- | --- | --- | --- | --- | --- | --- | --- | --- |
| EC | 3891 | 0.084 | 0.562 | 0.001 | 0.004 | 0.052 | 0.068 | 0.644 |
| CON | 3891 | 0.176 | 0.125 | 0.125 | 0.125 | 0.125 | 0.177 | 1.644 |
| LEV | 3891 | 0.511 | 0.189 | 0.081 | 0.375 | 0.522 | 0.656 | 0.921 |
| SIZE | 3891 | 21.803 | 1.206 | 19.236 | 20.957 | 21.687 | 22.522 | 25.377 |
| BM | 3891 | 0.251 | 0.148 | 0.024 | 0.148 | 0.222 | 0.318 | 0.768 |
| ROE | 3891 | 0.133 | 0.079 | 0.087 | 0.087 | 0.087 | 0.151 | 0.507 |
| CN1 | 3891 | 0.357 | 0.154 | 0.035 | 0.233 | 0.336 | 0.470 | 0.862 |
| SALARY | 3891 | 13.725 | 0.788 | 11.749 | 13.211 | 13.737 | 14.260 | 15.602 |
| BETA | 3891 | 1.044 | 0.191 | 0.503 | 0.935 | 1.060 | 1.164 | 1.504 |
| HSL | 3891 | 2.287 | 1.162 | 0.286 | 1.381 | 2.196 | 3.024 | 5.554 |

### 5.4.2 相关性分析

表 5-4 报告了相关变量之间的 pearson（spearman）相关系数，通过表 5-4 的单变量分析可以发现，会计稳健性水平 $CON$ 与股权融资成本 $EC$ 之间的 pearson（spearman）相关系数负相关（显著负相关），这表明单变量分析虽然已经验证了本章的研究假设所关注的变量系数的预期符号，但不显著，没有完全验证本章的研究假设，这需要在后续的多元回归分析中控制影响股权融资成本的其他因素，然后再检验公司会计稳健性水平与股权融资成本之间的关系。其他变量之间的相关系数都在 0.5 以下，说明自变量与控制变量、控制变量与控制变量之间不存在严重的多重共线性问题。

表 5-4　pearson（spearman）相关系数

| | EC | CON | LEV | SIZE | BM | ROE | CN1 | SALARY | BETA | HSL |
|---|---|---|---|---|---|---|---|---|---|---|
| EC | 1 | -0.126*** | 0.020 | -0.005 | -0.131*** | -0.050*** | 0.002 | -0.196*** | 0.362*** | 0.369*** |
| CON | -0.016 | 1 | 0.309*** | 0.040** | -0.013 | -0.056*** | 0.042*** | -0.038** | -0.079*** | -0.008 |
| LEV | 0.016 | 0.042*** | 1 | 0.323*** | -0.086*** | 0.013 | 0.062*** | 0.004 | 0.033** | 0.013 |
| SIZE | -0.048*** | 0.016 | 0.315*** | 1 | 0.420*** | 0.249*** | 0.281*** | 0.447*** | 0.147*** | -0.397*** |
| BM | -0.186*** | -0.006 | -0.075*** | 0.450*** | 1 | -0.239*** | 0.072*** | 0.155*** | 0.219*** | -0.100*** |
| ROE | -0.043*** | 0.056*** | 0.058*** | 0.170*** | -0.265*** | 1 | 0.138*** | 0.355*** | -0.115*** | -0.329*** |
| CN1 | -0.007 | 0.068*** | 0.067*** | 0.311*** | 0.084*** | 0.110*** | 1 | 0.071*** | 0.009 | -0.412*** |
| SALARY | -0.199*** | 0.026* | 0.002 | 0.461*** | 0.163*** | 0.239*** | 0.065*** | 1 | 0.008 | -0.346*** |
| BETA | 0.184*** | -0.014 | 0.027* | 0.148*** | 0.192*** | -0.153*** | 0.012 | 0.026 | 1 | 0.291*** |
| HSL | 0.311*** | -0.030* | 0.023 | -0.411*** | -0.178*** | -0.246*** | -0.422*** | -0.324*** | 0.266*** | 1 |

注：左下角（右上角）为 pearson（spearman）相关系数；***、**和*分别表示在1%、5%和10%水平上显著。

### 5.4.3 机构投资者异质性对会计稳健性与股权融资成本之间关系的影响

本章在考察机构投资者异质性对会计稳健性与股权融资成本之间关系的影响前,首先考察了会计稳健性对股权融资成本的影响。

表5-5的第(1)列报告了会计稳健性对股权融资成本的影响。从第(1)列可以看出,会计稳健性水平 CON 与股权融资成本 EC 之间负相关($\beta_1 = -0.358$,$t = -7.40$),且在1%的水平上显著,这充分表明公司的会计稳健性水平越高,股权融资成本越低,即会计稳健性与公司股权融资成本之间负相关,这一研究结果与 Guay 和 Verrecchia(2007)、Suijs(2008)、Lambert 等(2007,2012)、Li(2009)、Lara 等(2011)等得出的研究结论一致。

表5-5的第(2)、第(3)列报告了本章研究假设的检验结果。表5-5的第(2)列报告了交易型机构投资者样本组内的会计稳健性水平对公司股权融资成本的影响。从表5-5的第(2)列可以看出,会计稳健性水平 CON 与股权融资成本 EC 之间负相关($\beta_1 = -0.001$,$t = -0.30$),但不显著,这说明了交易型机构投资者并没有强化会计稳健性与股权融资成本之间的负相关关系。就控制变量而言,公司规模 SIZE 与股权融资成本 EC 之间正相关($\beta_3 = 0.214$,$t = 14.61$),且在1%的水平上显著,这说明了我国股民热衷于炒作"小盘股",导致规模较大的企业的股票被低估;资产负债率 LEV 与股权融资成本 EC 之间负相关($\beta_2 = -0.664$,$t = -9.99$),且在1%的水平上显著,这表明较高的负债率给股东的收益带来了负面影响,这也从另一个角度反映我国上市公司的负债行为还处于被动负债阶段,即上市公司并非出于提高股东收益率而进行主动负债融资;公司成长性 BM 与股权融资成本 EC 之间负相关($\beta_4 = -1.417$,$t = -14.85$),且在1%的水平上显著,这表明不仅市场没有低估 BM 较低公司的股票价值,反而高估了其股票价值,或者表明这些企业的经营风险较低;换手率 HSL 与股权融资成本 EC 之间正相关($\beta_9 = 0.130$,$t = 10.57$),

且在1%的水平显著,这表明较高的换手率可能代表了股东认为该公司的经营风险较大,故公司股票的换手率越高,股权融资成本较高;上市公司系统风险 BETA 与股权融资成本 EC 之间正相关($\beta_8 = 0.148$,$t = 2.14$),且在5%的水平上显著,即公司的系统风险越大,股权融资成本越低,这表明我国股民在购买股票时热衷于炒作风险大的公司。这些研究发现与叶康涛和陆正飞(2004)以及表5-5第(1)列得出的研究结论一致。高管薪酬 SALARY 与股权融资成本 EC 之间负相关($\beta_7 = -0.108$,$t = -6.41$),且在1%的水平上显著,这说明了高管薪酬越高,股权融资成本越低,即高管薪酬越高,高管越有动机去降低公司的股权融资成本;第一大股东持股比例 CN1 与股权融资成本 EC 之间正相关($\beta_6 = 0.100$,$t = 1.19$),但不显著。这些研究发现与姜付秀和陆正飞(2006)以及表5-5第(1)列得出的研究结论一致。公司盈利能力 ROE 与股权融资成本 EC 负相关($\beta_5 = -0.150$,$t = -0.91$),但不显著。

表5-5的第(3)列报告了稳定型机构投资者样本组内的会计稳健性水平对股权融资成本的影响。从表5-5的第(3)列可以看出,会计稳健性水平 CON 与股权融资成本 EC 之间负相关($\beta_1 = -0.124$,$t = -2.98$),且在1%的水平上显著。与表5-5第(2)列交易型机构投资者子样本中的会计稳健性水平 CON 与股权融资成本 EC 之间的系数和显著性相比,可以发现,与交易型机构投资者相比,稳定型机构投资者强化了会计稳健性水平 CON 与股权融资成本 EC 之间的负相关关系,本章的研究假设得到验证。就控制变量而言,公司规模 SIZE 与股权融资成本 EC 之间正相关($\beta_3 = 0.065$,$t = 4.42$),且在1%的水平上显著,这说明了我国股民热衷于炒作"小盘股",导致规模较大的企业的股票被低估;资产负债率 LEV 与股权融资成本 EC 之间正相关($\beta_2 = 0.047$,$t = 0.67$),但不显著;公司成长性 BM 与股权融资成本 EC 之间负相关($\beta_4 = -0.611$,$t = -6.17$),且在1%的水平上显著,这表明不仅市场没有低估 BM 较低公司的股票价值,反而高估了其股票价值,或者表明这些企业的经营风险较低;换手率 HSL 与股权融资成本 EC 之间正相关($\beta_9 = 0.189$,$t = 14.15$),且在1%的水平显著,这表明较高的换手率可能代表了股东认为该公司的经营风险较

大,故公司股票的换手率越高,股权融资成本较高;上市公司系统风险 BETA 与股权融资成本 EC 之间正相关 ($\beta_8=0.359$, $t=5.67$),且在1%的水平上显著,即公司的系统风险越大,股权融资成本越高。这些研究发现与叶康涛和陆正飞(2004)以及表5-5第(1)列、第(2)列得出的研究结论基本一致。高管薪酬 SALARY 与股权融资成本 EC 之间负相关 ($\beta_7=-0.139$, $t=-8.11$),且在1%的水平上显著,这说明了高管薪酬越高,股权融资成本越低,即高管薪酬越高,高管越有动机去降低公司的股权融资成本;第一大股东持股比例 CN1 与股权融资成本 EC 之间正相关 ($\beta_6=0.502$, $t=5.88$),且在1%的水平上显著。这些研究发现与姜付秀和陆正飞(2006)以及表5-5第(1)、第(2)列得出的研究结论一致。公司盈利能力 ROE 与股权融资成本 EC 之间负相关 ($\beta_5=-0.144$, $t=-0.89$),但不显著,这与表5-5第(2)列得出的研究结论一致。

表5-5　　机构投资者异质性、会计稳健性与股权融资成本

| 变量名 | (1) | (2) STABLE=0 | (3) STABLE=1 |
| --- | --- | --- | --- |
| 截距项 | -0.439** <br> (-2.17) | -2.136*** <br> (-7.06) | 0.503* <br> (1.73) |
| CON | -0.358*** <br> (-7.40) | -0.001 <br> (-0.30) | -0.124*** <br> (-2.98) |
| LEV | -0.196*** <br> (-3.89) | -0.664*** <br> (-9.99) | 0.047 <br> (0.67) |
| SIZE | 0.122*** <br> (12.32) | 0.214*** <br> (14.61) | 0.065*** <br> (4.42) |
| BM | -0.907*** <br> (-14.73) | -1.417*** <br> (-14.85) | -0.611*** <br> (-6.17) |
| ROE | 0.0005 <br> (0.11) | -0.150 <br> (-0.91) | -0.144 <br> (-0.89) |
| CN1 | 0.338*** <br> (5.57) | 0.100 <br> (1.19) | 0.502*** <br> (5.88) |
| SALARY | -0.132*** <br> (-11.12) | -0.108*** <br> (-6.41) | -0.139*** <br> (-8.11) |

续表

| 变量名 | (1) | (2) STABLE=0 | (3) STABLE=1 |
|---|---|---|---|
| BETA | 0.272*** | 0.148** | 0.359*** |
|  | (6.48) | (2.14) | (5.67) |
| HSL | 0.156*** | 0.130*** | 0.189*** |
|  | (17.84) | (10.57) | (14.15) |
| Obs | 3891 | 1985 | 1906 |
| F 统计量 | 108.10*** | 55.01*** | 70.77*** |
| Adj $R^2$ | 0.199 | 0.197 | 0.248 |

注：括号内为 t 值；*** 表示在 1% 的水平上显著；** 表示在 5% 的水平上显著；* 表示在 10% 的水平上显著。

## 5.5 稳健性检验

（1）借鉴 Khan 和 Watts（2009）的 C‐Score 模型来度量公司的年度会计稳健性水平，在此基础上考察会计稳健性对股权融资成本的影响以及机构投资者异质性对会计稳健性水平与股权融资成本之间关系的影响。

本节采用模型（5‐5）、模型（5‐6）来估算会计稳健性水平 C‐Score。

$$X_i = \beta_0 + \beta_1 DR_i + R_i(\mu_1 + \mu_2 SIZE_i + \mu_3 MB_i + \mu_4 LEV_i) + DR_i \times R_i(v_1 + v_2 SIZE_i + v_3 MB_i + v_4 LEV_i) + (\delta_1 SIZE_i + \delta_2 MB_i + \delta_3 LEV_i + \delta_4 DR_i \times SIZE_i + \delta_5 DR_i \times MB_i + \delta_6 DR_i \times LEV_i) + \xi_i \tag{5-5}$$

在模型（5‐5）中，$i$ 表示公司 $i$；$X$ 表示公司每股盈余除以其上一年年末的股票收盘价；$R$ 表示公司 $t$ 年 5 月至 $t+1$ 年 4 月共 12 个月的买—持股票收益率（BHR），$DR$ 为哑变量，当 $R$ 小于 0 时，取值为 1，否则取值为 0；$SIZE$ 为企业规模，等于年末股权市值的自然对数；$MB$ 为市账比，等于年末股权市场价值除以股权账面价值；其他变量定义同模型（5‐2）、模型（5‐3）和模型（5‐4）。

本节对模型（5-5）进行逐年回归，将估计出的系数代入模型（5-6），即可求出公司的年度会计稳健性水平得分 C-Score。

$$C-Score = v_1 + v_2SIZE_i + v_3MB_i + v_4LEV_i \qquad (5-6)$$

具体检验模型如下：

在通过模型（5-5）和模型（5-6）估算出公司层面年度的会计稳健性水平得分 C-Score 后，本节采用如下的模型（5-7）、模型（5-8）来检验会计稳健性对股权融资成本的影响以及机构投资者异质性对会计稳健性水平与股权融资成本之间关系的影响。

$$EC = \beta_0 + \beta_1 CScore + \beta_2 LEV + \beta_3 SIZE + \beta_4 BM + \beta_5 ROE + \beta_6 CN1 + \beta_7 SALARY + \beta_8 BETA + \beta_9 HSL + \sum Year + \sum Industry + \varepsilon \qquad (5-7)$$

$$EC = \beta_0 + \beta_1 CScore + \beta_2 STABLE + \beta_3 STABLE \times CScore + \beta_4 LEV + \beta_5 SIZE + \beta_6 BM + \beta_7 ROE + \beta_8 CN1 + \beta_9 SALARY + \beta_{10} BETA + \beta_{11} HSL + \sum Year + \sum Industry + \varepsilon \qquad (5-8)$$

其中：$CScore$ 为采用 Khan 和 Watts（2009）的 C-Score 模型估算的公司年度会计稳健性水平；$\sum Year$ 为年度虚拟变量；$\sum Industry$ 为行业虚拟变量；$\varepsilon$ 为误差项。其他变量定义同模型（5-2）、模型（5-3）和模型（5-4）。若变量 $STABLE \times CScore$ 的系数 $\beta_3$ 显著为负，则表明与交易型机构投资者相比，稳定型机构投资者强化了会计稳健性与股权融资成本之间的负相关关系，即本章的研究假设成立。

表5-6 报告了采用 C-Score 模型估计公司年度会计稳健性水平的情形下，会计稳健性水平与股权融资成本之间关系、机构投资者异质性对会计稳健性与股权融资成本之间关系影响的多元回归结果。

表5-6 的第（1）列报告了会计稳健性对公司股权融资成本影响的检验结果。从第（1）列可以看出，会计稳健性水平 $CScore$ 与股权融资成本 $EC$ 之间负相关（$\beta_1 = -0.008$，$t = -2.36$），且在5%的水平上显著，这表明公司的会计稳健性水平越高，股权融资成本越低，即会计稳健性与股权融资成本之间负相关。

表5-6 的第（2）、第（3）、第（4）列报告了本章研究假设的检验结

## 第5章 机构投资者异质性、会计稳健性与股权融资成本

果。从表 5-6 的第（2）列可以看出，交互项 $STABLE \times CScore$ 与股权融资成本 $EC$ 之间负相关（$\beta_1 = -0.032$，$t = -3.50$），且在1%的水平上显著，这说明了与交易型机构投资者相比，稳定型机构投资者强化了会计稳健性与股权融资成本之间的关系，这一研究结论再次验证了本章的研究假设。同时，本章还按照机构投资者异质性将样本划分为稳定型机构投资者与交易型机构投资者两个子样本组，然后分别对这两组样本进行回归，回归结果报告在表 5-6 的第（3）列和第（4）列。从第（3）列可以看出，交易型机构投资者样本组内的会计稳健性水平 $CON$ 与股权融资成本 $EC$ 之间负相关（$\beta_1 = -0.0005$，$t = -0.13$），但不显著。从第（4）列可以看出，稳定型机构投资者样本组内的会计稳健性水平 $CON$ 与股权融资成本 $EC$ 之间负相关（$\beta_1 = -0.039$，$t = -4.54$），且在1%的水平上显著，这说明了稳定型机构投资者样本组内的会计稳健性水平越高，股权融资成本越低。表 5-6 的第（3）、第（4）列得出的研究结论再次验证了本章的研究假设。

**表 5-6 机构投资者异质性、会计稳健性与股权融资成本（因变量 C-Score）**

| 变量名 | （1） | （2） | （3） $STABLE=0$ | （4） $STABLE=1$ |
| --- | --- | --- | --- | --- |
| 截距 | -0.283 *** <br> (-6.31) | -0.256 *** <br> (-5.67) | -0.293 *** <br> (-4.76) | -0.277 *** <br> (-4.08) |
| $CScore$ | -0.008 ** <br> (-2.36) | -0.003 <br> (-0.66) | -0.0005 <br> (-0.13) | -0.039 *** <br> (-4.54) |
| $STABLE$ | | 0.014 *** <br> (4.02) | | |
| $STABLE \times CScore$ | | -0.032 *** <br> (-3.50) | | |
| $LEV$ | -0.038 *** <br> (-3.61) | -0.034 *** <br> (-3.19) | -0.058 *** <br> (-3.98) | -0.015 <br> (-0.92) |
| $SIZE$ | 0.014 *** <br> (6.27) | 0.012 *** <br> (5.57) | 0.016 *** <br> (5.32) | 0.011 *** <br> (3.39) |
| $BM$ | -0.051 *** <br> (-4.91) | -0.047 *** <br> (-4.57) | -0.030 ** <br> (-2.15) | -0.074 *** <br> (-4.77) |

续表

| 变量名 | (1) | (2) | (3) STABLE=0 | (4) STABLE=1 |
|---|---|---|---|---|
| ROE | 0.002* | 0.002 | 0.002* | -0.0001 |
|  | (1.68) | (1.50) | (1.79) | (-0.05) |
| CN1 | 0.005 | 0.010 | -0.010 | 0.022 |
|  | (0.36) | (0.80) | (-0.58) | (1.13) |
| SALARY | -0.006** | -0.006** | -0.010*** | -0.002 |
|  | (-2.11) | (-2.35) | (-2.73) | (-0.41) |
| BETA | 0.179*** | 0.180*** | 0.191*** | 0.172*** |
|  | (17.93) | (17.99) | (13.58) | (12.01) |
| HSL | 0.011*** | 0.011*** | 0.008*** | 0.012*** |
|  | (5.01) | (5.15) | (2.86) | (3.48) |
| 年度效应 | 已控制 | 已控制 | 已控制 | 已控制 |
| 行业效应 | 已控制 | 已控制 | 已控制 | 已控制 |
| Obs | 6193 | 6193 | 3106 | 3087 |
| F统计量 | 8368.66*** | 7780.44*** | 4838.65*** | 3755.85*** |
| Adj $R^2$ | 0.971 | 0.971 | 0.975 | 0.968 |

注：括号内为t值；*** 表示在1%的水平上显著；** 表示在5%的水平上显著；* 表示在10%的水平上显著。

（2）借鉴石美娟和童卫华（2009）、李争光等（2014）的做法，以基金公司作为机构投资者的代理变量，即用公司基金投资者当年持股比例除以其前五年的基金投资者持股比例的标准差作为从时间维度度量机构投资者稳定性的指标，行业维度不变，本部分仍然采用模型（5-2）、模型（5-3）和模型（5-4）对会计稳健性与股权融资成本之间的关系以及机构投资者异质性对会计稳健性与股权融资成本之间关系的影响进行多元回归分析，回归结果如表5-7所示。

表5-7报告了以基金作为机构投资者代理变量的情形下，会计稳健性与股权融资成本之间关系以及机构投资者异质性对会计稳健性与股权融资成本之间关系影响的多元回归结果。

表5-7的第（1）列报告了会计稳健性对公司股权融资成本影响的多元回归结果。从第（1）列可以看出，会计稳健性水平CON与股权融资成

第5章　机构投资者异质性、会计稳健性与股权融资成本 | 117

本 $EC$ 之间负相关（$\beta_1 = -0.164$，$t = -2.67$），且在1%的水平上显著，这充分表明公司的会计稳健性水平越高，股权融资成本越低，即会计稳健性与公司股权融资成本之间负相关。

表5-7的第（2）、第（3）列报告了本章研究假设的检验结果。表5-7的第（2）列报告了交易型机构投资者样本组内的会计稳健性对股权融资成本的影响。从表5-7的第（2）列可以看出，会计稳健性水平 $CON$ 与股权融资成本 $EC$ 之间负相关（$\beta_1 = -0.104$，$t = -1.22$），但不显著，这说明了交易型机构投资者并没有强化会计稳健性与股权融资成本之间的负相关关系。

表5-7的第（3）列报告了稳定型机构投资者样本组内的会计稳健性水平对股权融资成本的影响。从表5-7的第（3）列可以看出，会计稳健性水平 $CON$ 与股权融资成本 $EC$ 之间负相关（$\beta_1 = -0.216$，$t = -2.45$），且在5%的水平上显著。与表5-7第（2）列报告的交易型机构投资者子样本中的会计稳健性水平 $CON$ 与股权融资成本 $EC$ 之间的系数和显著性相比，可以发现，与交易型机构投资者相比，稳定型机构投资者强化了会计稳健性水平 $CON$ 与股权融资成本 $EC$ 之间的负相关关系，本章的研究假设再次得到验证。

表5-7　机构投资者异质性、会计稳健性与股权融资成本
（以基金作为机构投资者的代理变量）

| 变量名 | （1） | （2）$STABLE=0$ | （3）$STABLE=1$ |
| --- | --- | --- | --- |
| 截距项 | -3.449*** | -3.619*** | -3.715*** |
|  | (-14.03) | (-10.22) | (-10.67) |
| $CON$ | -0.164*** | -0.104 | -0.216** |
|  | (-2.67) | (-1.22) | (-2.45) |
| $LEV$ | -0.656*** | -0.917*** | -0.478*** |
|  | (-11.52) | (-11.42) | (-5.86) |
| $SIZE$ | 0.273*** | 0.312*** | 0.262*** |
|  | (24.85) | (18.75) | (17.29) |
| $BM$ | -1.726*** | -1.698*** | -1.886*** |
|  | (-35.90) | (-24.84) | (-26.84) |

续表

| 变量名 | (1) | (2) STABLE = 0 | (3) STABLE = 1 |
| --- | --- | --- | --- |
| ROE | -0.249** | -0.163 | -0.317** |
|  | (-2.54) | (-1.19) | (-2.23) |
| CN1 | 0.533*** | 0.523*** | 0.481*** |
|  | (8.09) | (5.54) | (5.23) |
| SALARY | -0.109*** | -0.130*** | -0.084*** |
|  | (-7.64) | (-6.32) | (-4.28) |
| BETA | -0.574*** | -0.754*** | -0.477*** |
|  | (-11.00) | (-10.01) | (-6.47) |
| HSL | 0.364*** | 0.344*** | 0.371*** |
|  | (35.49) | (24.46) | (24.23) |
| Obs | 4811 | 2328 | 2483 |
| F 统计量 | 460.69*** | 246.42*** | 226.67*** |
| Adj $R^2$ | 0.462 | 0.487 | 0.450 |

注：括号内为 t 值；*** 表示在 1% 的水平上显著；** 表示在 5% 的水平上显著；* 表示在 10% 的水平上显著。

（3）借鉴 Elyasiani 等（2010）、李争光等（2014）的做法，拉长时间窗口，从更长的时间窗口考察机构投资者的稳定性，即用公司机构投资者当年持股比例除以其前五年的机构投资者持股比例的标准差作为从时间维度度量机构投资者稳定性的指标，行业维度不变。本部分仍然采用模型（5-2）、模型（5-3）和模型（5-4）对会计稳健性与股权融资成本之间的关系以及机构投资者异质性对会计稳健性与股权融资成本之间关系的影响进行多元回归分析，回归结果如表 5-8 所示。

表 5-8 的第（1）列报告了会计稳健性对公司股权融资成本影响的多元回归结果。从第（1）列可以看出，会计稳健性水平 CON 与股权融资成本 EC 之间负相关（$\beta_1 = -0.261$, $t = -6.22$），且在 1% 的水平上显著，这充分表明公司的会计稳健性水平越高，股权融资成本越低，即会计稳健性与公司股权融资成本之间负相关。

表 5-8 的第（2）、第（3）列报告了本章研究假设的检验结果。表 5-8 的第（2）列报告了交易型机构投资者样本组内的会计稳健性对股权

融资成本的影响。从表 5-8 的第（2）列可以看出，会计稳健性水平 CON 与股权融资成本 EC 之间负相关（$\beta_1 = -0.001$，$t = -0.32$），但不显著，这说明了交易型机构投资者并没有强化会计稳健性与股权融资成本之间的负相关关系。

表 5-8 的第（3）列报告了稳定型机构投资者样本组内的会计稳健性水平对股权融资成本的影响。从表 5-8 的第（3）列可以看出，会计稳健性水平 CON 与股权融资成本 EC 之间负相关（$\beta_1 = -0.117$，$t = -2.85$），且在 1% 的水平上显著。与表 5-8 的第（2）列交易型机构投资者子样本中的会计稳健性水平 CON 与股权融资成本 EC 之间的系数和显著性相比，可以发现，与交易型机构投资者相比，稳定型机构投资者强化了会计稳健性水平 CON 与股权融资成本 EC 之间的负相关关系，本章的研究假设再次得到验证。

表 5-8　机构投资者异质性、会计稳健性与股权融资成本
（考虑机构投资者持股比例五年的变化）

| 变量名 | （1） | （2）STABLE = 0 | （3）STABLE = 1 |
| --- | --- | --- | --- |
| 截距项 | -0.414* | -2.036*** | 0.845*** |
|  | (-1.95) | (-6.64) | (2.71) |
| CON | -0.261*** | -0.001 | -0.117*** |
|  | (-6.22) | (-0.32) | (-2.85) |
| LEV | -0.236*** | -0.617*** | 0.026 |
|  | (-4.55) | (-9.02) | (0.36) |
| SIZE | 0.117*** | 0.202*** | 0.041*** |
|  | (11.03) | (13.45) | (2.60) |
| BM | -0.917*** | -1.381*** | -0.695*** |
|  | (-14.25) | (-13.91) | (-6.76) |
| ROE | 0.0002 | -0.104 | -0.250 |
|  | (0.05) | (-0.62) | (-1.55) |
| CN1 | 0.385*** | 0.093 | 0.567*** |
|  | (6.08) | (1.05) | (6.35) |
| SALARY | -0.129*** | -0.108*** | -0.130*** |
|  | (-10.40) | (-6.05) | (-7.37) |

续表

| 变量名 | (1) | (2) STABLE=0 | (3) STABLE=1 |
|---|---|---|---|
| BETA | 0.340*** | 0.289*** | 0.471*** |
|  | (7.85) | (4.05) | (7.24) |
| HSL | 0.150*** | 0.121*** | 0.169*** |
|  | (16.45) | (9.28) | (12.45) |
| Obs | 3529 | 1759 | 1770 |
| F统计量 | 99.38*** | 48.76*** | 68.50*** |
| Adj $R^2$ | 0.201 | 0.197 | 0.256 |

注：括号内为t值；*** 表示在1%的水平上显著；** 表示在5%的水平上显著；* 表示在10%的水平上显著。

(4) 考虑到机构投资者研究过程中可能存在的内生性问题，采用滞后一期的累计非经营性应计利润作为公司会计稳健性水平的代理变量，仍然采用模型(5-2)、模型(5-3)和模型(5-4)对会计稳健性与股权融资成本之间的关系，以及机构投资者异质性对会计稳健性与股权融资成本之间关系的影响进行多元回归分析，回归结果如表5-9所示。

表5-9的第(1)列报告了会计稳健性对公司股权融资成本影响的回归结果，从第(1)列可以看出，会计稳健性水平 $CON_{t-1}$ 与股权融资成本之间负相关（$\beta_1 = -0.130$，$t = -2.83$），且在1%的水平上显著，这充分表明公司的上一年的会计稳健性水平越高，下一年的股权融资成本越低，即会计稳健性与股权融资成本之间负相关。

表5-9的第(2)、第(3)列报告了本章研究假设的检验结果。表5-9的第(2)列报告了交易型机构投资者样本组内的会计稳健性水平对股权融资成本的影响。从表5-9的第(2)列可以看出，会计稳健性水平 $CON_{t-1}$ 与股权融资成本 EC 之间负相关（$\beta_1 = -0.112$，$t = -1.43$），但不显著，这说明了交易型机构投资者并没有强化会计稳健性与股权融资成本之间的负相关关系。

表5-9的第(3)列报告了稳定型机构投资者样本组内的会计稳健性水平对股权融资成本的影响。从表5-9的第(3)列可以看出，会计稳健性水平 $CON_{t-1}$ 与股权融资成本之间负相关（$\beta_1 = -0.228$，$t = -2.77$），

且在 1% 的水平上显著。与表 5-9 第（2）列交易型机构投资者子样本中的会计稳健性水平 $CON_{t-1}$ 与股权融资成本 $EC$ 之间的系数和显著性相比，可以发现，与交易型机构投资者相比，稳定型机构投资者强化了会计稳健性水平 $CON_{t-1}$ 与股权融资成本 $EC$ 之间的负相关关系，本章的研究假设再次得到验证。

表 5-9　机构投资者异质性、会计稳健性与股权融资成本
（累计非经营性应计利润滞后一期）

| 变量名 | （1） | （2）STABLE = 0 | （3）STABLE = 1 |
|---|---|---|---|
| 截距项 | -0.979 *** | -0.867 *** | -0.950 *** |
|  | (-4.80) | (-2.59) | (-3.22) |
| $CON_{t-1}$ | -0.130 *** | -0.112 | -0.228 *** |
|  | (-2.83) | (-1.43) | (-2.77) |
| LEV | -0.137 *** | -0.199 *** | -0.022 |
|  | (-2.83) | (-2.79) | (-0.31) |
| SIZE | 0.090 *** | 0.082 *** | 0.095 *** |
|  | (8.89) | (4.76) | (6.53) |
| BM | -0.354 *** | -0.357 *** | -0.374 *** |
|  | (-5.96) | (-3.56) | (-4.00) |
| ROE | -0.002 | -0.401 ** | -0.271 * |
|  | (-0.47) | (-2.29) | (-1.66) |
| CN1 | 0.450 *** | 0.550 *** | 0.438 *** |
|  | (7.53) | (6.38) | (5.25) |
| SALARY | -0.063 *** | -0.056 *** | -0.067 *** |
|  | (-5.26) | (-3.24) | (-3.75) |
| BETA | 0.063 | 0.036 | -0.018 |
|  | (1.44) | (0.53) | (-0.29) |
| HSL | 0.178 | 0.182 *** | 0.189 *** |
|  | (20.75) | (15.35) | (14.35) |
| Obs | 2635 | 1322 | 1313 |
| F 统计量 | 71.86 *** | 38.73 *** | 36.83 *** |
| Adj $R^2$ | 0.195 | 0.205 | 0.197 |

注：括号内为 t 值；*** 表示在 1% 的水平上显著；** 表示在 5% 的水平上显著；* 表示在 10% 的水平上显著。

## 5.6　本章结论与启示

本章与第 4 章的做法保持一致，借鉴了 Elyasiani 和 Jia（2010）、牛建波等（2013）、李争光等（2014、2015）的研究，将机构投资者划分为交易型机构投资者与稳定型机构投资者，在此基础上，选取了 2007—2012 年我国沪深两市 A 股上市公司作为研究样本，采用 Givoly 和 Hayn（2006）的累计非经营性应计利润的负数作为会计稳健性水平的代理变量，采用资本资产定价模型（CAPM）计算公司的股权融资成本；考察了机构投资者异质性对会计稳健性与股权融资成本之间关系的影响。由于考察机构投资者异质性对会计稳健性与股权融资成本之间关系影响的前提是会计稳健性能够对股权融资成本产生影响，虽然学术界已经对会计稳健性与股权融资成本之间的关系进行了大量的研究，但是本章仍然在考察交易型机构投资者与稳定型机构投资者对会计稳健性与股权融资成本之间关系的影响前，考察了会计稳健性对股权融资成本的影响。本章的经验证据表明：与交易型机构投资者相比，稳定型机构投资者显著强化了会计稳健性与股权融资成本之间的负相关关系，同时本章的研究结果也为学术界已有的会计稳健性与股权融资成本之间负相关的观点提供了新的经验证据。本章还进行了一系列稳健性检验：（1）借鉴 Khan 和 Watts（2009）的 C – Score 模型估算出公司层面的年度会计稳健性水平，然后考察了会计稳健性与股权融资成本之间的关系以及机构投资者异质性对会计稳健性与股权融资成本之间的关系的影响。（2）借鉴石美娟和童卫华（2009）、李争光等（2014）的做法，以基金公司作为机构投资者的代理变量，在此基础上考察了本章的研究假设。（3）借鉴 Elyasiani 等（2010）、李争光等（2014）的做法，拉长时间窗口，从更长的时间窗口内考察机构投资者的稳定性。（4）考虑到机构投资者研究过程中可能存在的内生性问题，采用滞后一期的累计非经营性应计利润的负数作为公司会计稳健性水平的代理变量来检验会计稳健性与股权融资成本之间的关系，以及机构投资者异质性对会计稳健性与股权融资成本之间关系的影响。稳健性检验的结果再次验证了本章的研究假设。

本章的研究结论具有以下理论与现实意义：第一，本章研究发现，不同性质的机构投资者对其投资对象的公司治理效应存在显著差异，即与交易型机构投资者相比，稳定型机构投资者强化了会计稳健性与股权融资成本之间的负相关关系，从而深化了机构投资者异质性领域以及会计稳健性经济后果领域的研究。第二，本章研究发现，会计稳健性与股权融资成本负相关，这为学术界已有的会计稳健性与股权融资成本之间负相关的观点提供了新的经验证据；在国际会计准则理事会（IASB）和美国财务会计准则委员会（FASB）已经在其概念框架中取消了会计稳健性作为会计信息质量特征的背景下，会计稳健性与股权融资成本之间负相关说明了会计稳健性作为一项重要的公司治理机制对投资者的利益具有重要的保护作用，这也为向我国会计准则制定机构建议将会计稳健性继续保留为会计信息质量的一项特征提供了比较充足的理由。第三，本章的研究结论表明，政府监管部门应充分认识稳定型机构投资者在资本市场中所扮演的角色，大力发展社保基金、养老基金、合格境外机构投资者（QFII）等机构投资者，因为这些机构投资者注重对其投资公司的长期关注，具有监督能力，其投资行为最符合稳定型机构投资者的特征。

# 第6章

# 机构投资者异质性、会计稳健性与投资效率

# 第6章 机构投资者异质性、会计稳健性与投资效率

如第5章所述，本书除了从机构投资者异质性视角考察机构投资者对会计稳健性的影响外，还进一步从股权融资成本和投资效率两个视角来深入考察机构投资者异质性对会计稳健性经济后果的影响。本章与第5章的研究思路一致，在第4章已经取得的研究结论的基础上，以我国2007—2012年的A股上市公司为研究对象，深入探讨会计稳健性对投资效率产生影响的作用机理，采用多元回归模型考察了机构投资者异质性对会计稳健性与投资效率之间关系的影响。

## 6.1 引言

自从Basu（1997）构建了度量会计稳健性的反向回归模型以后，大量的文献研究了会计稳健性的影响因素，但关于会计稳健性经济后果领域的研究文献却较少，从投资效率角度考察会计稳健性经济后果的文献更是凤毛麟角，关于会计稳健性与投资效率之间关系的研究文献目前存在两种主要观点：一种观点认为会计稳健性抑制了过度投资（如Ball，2001；Ball和Shivakumar，2005；陶晓慧和柳建华，2010）；另一种观点认为会计稳健性是一把"双刃剑"，其在抑制公司过度投资行为的同时，也会导致公司投资不足现象的出现（如Leuz，2001；Watts，2003；Guay和Vierrecchia，2006；Roychowdhury，2010）。还有一部分学者考察了投资机会、企业产权性质等因素对会计稳健性与投资效率之间关系的影响（王宇峰和苏逶妍，2008；孙刚，2010）。上述国内外文献主要考察了会计稳健性与投资效率这两个变量之间的关系，而尚未有文献考察机构投资者异质性对会计稳健性与投资效率之间关系的影响，为此本章尝试从机构投资者异质性这一视角来考察会计稳健性对投资效率的影响。本章的研究不仅有助于深化对机构投资者参与公司治理效应的认识，而且对丰富和拓展会计稳健性与投资效率之间关系的研究具有十分重要的理论和现实意义。

本书第4章以我国2007—2012年的A股上市公司为研究对象，考察了

机构投资者整体持股以及不同性质的机构投资者对会计稳健性的影响,研究发现机构投资者持股比例越高,公司的会计稳健性水平就越高;在将机构投资者划分为交易型与稳定型机构投资者后进一步分析发现,与交易型机构投资者相比,稳定型机构投资者对会计稳健性的影响更加显著。本书第5章以我国2007—2012年的A股上市公司为研究对象,从机构投资者异质性视角考察了会计稳健性对股权融资成本的影响,由于会计稳健性与股权融资成本之间存在关系是考察机构投资者异质性对会计稳健性与股权融资成本之间关系影响的前提,所以第5章首先检验了会计稳健性对股权融资成本的影响,研究发现公司的会计稳健性水平越高,其股权融资成本越低;在此基础上又进一步研究,发现与交易型机构投资者相比,稳定型机构投资者强化了会计稳健性与股权融资成本之间的负相关关系。那么不同性质的机构投资者对会计稳健性与投资效率之间关系的影响是否会存在差异呢? 这是一个学术界尚未关注的问题。

为解答上述疑问,本章与本书第4章和第5章的做法一致,借鉴了Elyasiani 和 Jia (2010)、牛建波等 (2013)、李争光等 (2014) 的研究,将机构投资者按照投资期限与持股动机的不同划分为稳定型机构投资者与交易型机构投资者两类性质截然不同的机构股东,在此基础上,以我国2007—2012年的A股上市公司作为研究样本,采用多元回归模型考察了机构投资者异质性对会计稳健性与投资效率之间关系的影响。本章的经验证据表明,与交易型机构投资者相比,稳定型机构投资者强化了会计稳健性与过度投资之间的负相关关系;同时稳定型机构投资者也缓解了会计稳健性与投资不足之间的正相关关系,这表明不同性质的机构投资者的公司治理效应存在显著差异。本章还为学术界已有的会计稳健性与过度投资之间负相关、会计稳健性与投资不足之间正相关的观点提供了新的经验证据。本章的研究结果表明不同性质的机构投资者对会计稳健性与过度投资、会计稳健性与投资不足之间的关系具有调节作用。

本章有以下两点理论贡献:第一,丰富和拓展了会计稳健性与投资效率之间关系领域的文献。已有文献主要考察了会计稳健性与投资效率之间的关系 (如 Ball, 2001;Ball 和 Shivakumar, 2005;陶晓慧和柳建华,

2010；Leuz，2001；Watts，2003；Guay 和 Vierrecchia，2006；Roychowdhury，2010；王宇峰和苏逶妍，2008；孙刚，2010），但尚未有文献考察机构投资者异质性对会计稳健性与投资效率之间关系的影响。本章基于机构投资者异质性视角，考察了与交易型机构投资者相比，稳定型机构投资者对会计稳健性与过度投资、会计稳健性与投资不足之间关系的影响，从机构投资异质性视角丰富和拓展了会计稳健性与投资效率之间关系领域的研究。第二，丰富了会计稳健性与投资效率之间关系领域的文献。由于考察机构投资者异质性对会计稳健性与投资效率之间关系的影响的前提是会计稳健性能够对投资效率产生影响，故本章还对学术界已有的会计稳健性与过度投资之间负相关（Ball，2001；Ball 和 Shivakumar，2005；陶晓慧和柳建华，2010）、会计稳健性与投资不足之间正相关（Leuz，2001；Watts，2003；Guay and Vierrecchia，2006；Roychowdhury，2010）的观点进行了再次验证，从而在一定程度上丰富了会计稳健性与投资效率之间关系领域的文献。

本章的余下内容安排如下：第二部分进行理论分析，提出研究假说，重点阐述会计稳健对投资效率、机构投资者异质性对会计稳健性与投资效率之间关系产生影响的作用机理；第三部分介绍研究设计；第四部分报告实证结果；第五部分进行稳健性检验；第六部分提出本章的研究结论。

## 6.2 理论分析与研究假说

### 6.2.1 机构投资者异质性对会计稳健性与过度投资之间关系的影响

Jensen 和 Meckling（1976）提出公司所有权与控制权分离导致了代理问题的出现，公司的投资决策便是其中的代理问题之一。股东希望公司管理层为了公司价值最大化这一目标而投资于每一个净现值为正的项目。然而，公司管理层会将自身效用函数与其投资项目获得的利益与损失进行比较，如果公司管理层投资某一项目的成本大于其收益或者放弃项目的利益高于其成本，那么公司管理层可能会产生不正常的投资动机，从而歪曲公司的投资效率，导致过度投资与投资不足现象的发生。

已有文献研究表明会计稳健性作为一项重要的公司治理机制，具有将未来投资的损失在本期盈余中进行加速确认的特征（Basu，1997；Holthausen 和 Watts，2001；Givoly 等，2007；Roychowdhury 和 Watts，2007）。Francis 和 Martin（2010）、Bushman 等（2007）研究发现会计稳健性及时确认损失的特征，能够抑制公司管理层在并购过程中的不正常投资动机，从而减少公司的非投资效率行为。Ball 和 Shivakumar（2005）、陶晓慧和柳建华（2010）考察了会计稳健性对过度投资的影响，研究发现会计稳健性由于能够将未来投资发生的损失进行及时确认，从而抑制了公司过度投资行为的发生。根据上述分析可以看出，会计稳健性与过度投资之间负相关。

已有文献研究表明，机构投资者的公司治理效应存在两种截然不同的观点：一种观点认为与个人投资者相比，机构投资者由于具有专业优势、资金优势以及信息优势，有能力监督公司管理层的行为，从而对其投资公司产生积极的治理效应（Brickley 等，1988；Gilson 等，1991；Holderness 等，1988；Almazan 等，2005；石美娟和童卫华，2009；Ferreira 和 Matos，2008；Parrino 等，2003；Helwege 等，2012；Hartzell 和 Starks，2003；杨典，2013；李争光等，2014）；另一种观点认为机构投资者的持股比例虽然很高，但是可能由于其只注重于从股票价格的上下波动中进行相机交易而获取收益，因而其对投资公司没有产生积极的公司治理效应（McConnell 和 Servaes，1990；Fortune，1993；Graves 和 Waddock，1994；Johnson 和 Greening，1999；Cornett 等，2004；Smith，1996；龙振海，2010）。那么机构投资者的公司治理效应究竟为什么会存在截然不同的两种观点呢？本书接受了学术界已有的观点，即并不是所有的机构投资者都是同质的，不同性质的机构投资者对公司管理层的监督存在差异，从而公司治理效应也存在差异（Brickley 等，1988；Bushee，1998；Almazan 等，2005；Chen 等，

2005；Bushee 等，2010；牛建波等，2013；李争光等，2014、2015）。为了保证研究结论不发生偏颇，本章与第4章、第5章的做法一致，借鉴了 Elyasiani 和 Jia（2010）、牛建波等（2013）、李争光等（2014）的研究，将机构投资者按照投资期限与持股动机的不同划分为稳定型机构投资者与交易型机构投资者两类性质截然不同的机构股东，在此基础上考察机构投资者异质性对会计稳健性与过度投资之间关系的影响。

Pound（1988）提出了机构投资者治理效应的三种假说：有效监督假说、无效监督假说和利益合谋假说，这三种假说可以在一定程度上解释为什么不同性质的机构投资者对其投资公司的监督积极性存在差异。

Chen 等（2007）、李争光等（2014）认为，与交易型机构投资者相比，稳定型机构投资者对其投资公司管理层的监督积极性更高。李争光等（2015）研究发现，与稳定型机构投资者相比，交易型机构投资者更倾向于进行频繁的股票交易，其监督公司管理层行为的积极性不高。Ramalingegowda 和 Yu（2009）研究发现，仅监督型机构投资者才需要会计稳健性。从这个角度来说，监督型机构投资者的公司治理效应符合有效监督假说。

根据交易型与稳定型机构投资者的定义以及 Pound（1988）提出的三种假说，可以认为与交易型机构投资者相比，稳定型机构投资者是监督型机构投资者，因此，从理论上讲，与交易型机构投资者相比，稳定型机构投资者对会计稳健性的正向影响更加显著。本书第4章的研究发现也已经证实与交易型机构投资者相比，稳定型机构投资者对会计稳健性的影响更加显著。

综上所述，可以发现与交易型机构投资者相比，稳定型机构投资者作为公司长期型、监督型、价值型机构投资者能够注重对其所投资公司管理层日常经营行为的监督，对会计稳健性的影响更加显著，从而强化了会计稳健性这一公司治理机制对过度投资的抑制作用。

根据以上分析，提出本章的研究假设一：

H1：在其他条件不变的前提下，与交易型机构投资者相比，稳定型机构投资者强化了会计稳健性与过度投资之间的负相关关系。

## 6.2.2　机构投资者异质性对会计稳健性与投资不足之间关系的影响

会计稳健性的特征是对损失进行及时确认，对收益进行延期确认。对收益与损失的非及时确认可能会导致公司管理层产生不正常的投资动机，从而产生放弃净现值为正的投资项目。尤其是如果收益无法及时确认，公司管理层需要承担重要责任的长期投资项目的投资收益也许在其任期内也不会得到确认。即使公司管理层发现其任期足够长，从而能够从长期投资的项目中获得利益，但他们仍旧会发现投资该项目所获得利益无法弥补执行该投资项目所花费的努力和所产生的负效用。从另一个角度来说，任何投资项目的未来收益都具有不确定性，也就说投资具有风险性，如果管理层知悉他们在追求一个具有风险的投资项目，如果该投资项目一旦失败发生亏损，那么会计稳健性会及时地将投资项目的损失在当期盈余中进行确认，而他们的声誉和薪酬反而受到负面影响，那么公司管理层在意识到会计稳健性这一特征后，他们则不会投资于即使净现值为正的风险项目，从而使一些净现值为正的项目得不到投资。

根据 Basu（1997）对会计稳健性所作的定义可知，会计稳健性确认坏消息比确认好消息更加及时，从而低估了公司的利润和净资产，这说明了会计稳健性水平越高，公司财务报表的盈利状况越有可能被低估，公司的外部融资能力将受到限制，从而导致公司投资不足现象的发生。根据上述分析可知，会计稳健性与投资不足之间正相关。

如前文所述，与交易型机构投资者相比，稳定型机构投资者作为监督型机构投资者，对其投资公司管理层的监督积极性更高，对被投资公司能够产生正面的治理效应，从而促使被投资公司绩效的提升。公司绩效越好，公司的现金净流量就可能越多，公司发生融资约束的可能性越小。从这个角度来说，与交易型机构投资者相比，稳定型机构投资者缓解了会计稳健性对投资不足带来的负面影响。

根据以上分析，提出本章的研究假设二：

H2：在其他条件不变的前提下，与交易型机构投资者相比，稳定型机构投资者缓解了会计稳健性与投资不足之间的正相关关系。

## 6.3 研究设计

### 6.3.1 样本选择与数据来源

本章的研究样本与第 4 章、第 5 章保持一致。相关财务数据来自 CSMAR 数据库,机构投资者持股比例数据主要来自 RESSET 数据库。

本章对初始样本进行了筛选:(1)剔除了金融类行业的样本;(2)剔除了存在数据缺失的样本;(3)针对主要连续变量在 1% 和 99% 分位数上进行缩尾。经过上述的筛选后,本章的最终样本为 6087 个公司—年度观测值。

### 6.3.2 变量的选择与度量

1. 投资效率的度量

本章主要借鉴辛清泉等(2007)、陈运森和谢德仁(2011)的做法,采用 Richardson(2006)模型从过度投资与投资不足两个角度来度量投资效率。具体的度量模型如下:

$$INV_t = \beta_0 + \beta_1 TQ_{t-1} + \beta_2 LEV_{t-1} + \beta_3 CASH_{t-1} + \beta_4 AGE_{t-1} + \beta_5 SIZE_{t-1} + \beta_6 RET_{t-1} + \beta_7 INV_{t-1} + \sum Industry + \sum Year + \varepsilon_t \quad (6-1)$$

其中,$INV_t$ 为公司资本的投资量,等于 $t$ 年固定资产、在建工程、无形资产、长期股权投资的变化量除以平均总资产;$TQ_{t-1}$ 为公司成长机会,等于 $t-1$ 年年末股权市场价值与总债务账面价值之和除以总资产;$LEV_{t-1}$ 为财务杠杆,等于 $t-1$ 年年末的总负债除以总资产;$CASH_{t-1}$ 为 $t-1$ 年年末的货币资金除以总资产;$AGE_{t-1}$ 为公司年龄,等于截至 $t-1$ 年年末公司的上市年限；$SIZE_{t-1}$ 为公司规模，等于 $t-1$ 年年末总资产的自然对数；$RET_{t-1}$ 为股票收益率，等于公司 $t-1$ 年 5 月至 $t$ 年 4 月共 12 个月的买——持股票收益率（BHR）；$\sum Industry$ 为行业虚拟变量；$\sum Year$ 为年度虚拟变量；$\varepsilon_t$ 为随机误差项，若 $\varepsilon_t$ 的值大于 0，则表示过度投资；若 $\varepsilon_t$ 的值小于 0，则表示投资不足。变量的具体定义如表 6-1 所示。

2. 会计稳健性的度量

本章与第 4 章、第 5 章的做法保持一致，仍借鉴 Givoly 和 Hyan（2000）的做法，采用过去三年的累计非经营性利润的负数度量公司层面的会计稳健性水平，在此基础上对本章的 H1 和 H2 进行检验。选择累计非经营性利润的负数度量公司层面的会计稳健性水平的原因详见本书第 4 章，在此不再赘述。

3. 机构投资者异质性的度量

本章与第 4 章、第 5 章的做法保持一致，借鉴 Elyasiani 和 Jia（2010）、牛建波等（2013）、李争光等（2014，2015）对机构投资者的分类和度量方法，将机构投资者按照其投资期限和持股动机划分为交易型与稳定型机构投资者，然后从时间和行业两个维度度量机构投资者的异质性，具体计算公式详见第 4 章的公式（4-1），在此不再赘述。

4. 其他控制变量

借鉴辛清泉等（2007）、陈运森和谢德仁（2011）的研究，本章还控制了如下变量：公司金额最高的前三名高管人员年度报酬的自然对数 PAY；经营活动现金流 CFO；管理费用率 ADM；大股东占款 ORECTA；公司性质 SOE。变量的具体定义与度量如表 6-1 所示。

### 6.3.3 实证检验模型

由于考察机构投资者异质性对会计稳健性与投资效率之间关系的影响的前提是会计稳健性能够对公司投资效率产生影响，故在考察机构投资者异质性对会计稳健性与投资效率之间关系的影响前，本章首先考察了会计稳健性对过度投资、投资不足的影响。

## 第6章 机构投资者异质性、会计稳健性与投资效率

**1. 本章采用模型（6-2）来考察会计稳健性对过度投资的影响**

$$OVERINV_t = \beta_0 + \beta_1 CON_t + \beta_2 PAY_t + \beta_3 CFO_t + \beta_4 ADM_t + \beta_5 ORECTA_t + \beta_6 SOE_t + \sum Industry + \sum Year + \varepsilon_t \quad (6-2)$$

其中，$OVERINV_t$ 为过度投资水平，等于模型（6-1）中大于0的回归残差；$CON_t$ 为公司的会计稳健性水平，等于过去三年累计非经营性应计利润的负数除以期初总资产；$PAY_t$ 为公司金额最高的前三名高管人员年度报酬的自然对数；$CFO_t$ 为经营活动现金流，等于本年年末的经营活动现金净流量除以平均总资产；$ADM_t$ 为管理费用率，等于本年年末的管理费用除以营业收入；$ORECTA_t$ 为大股东占款，等于本年年末的其他应收款除以平均总资产；$SOE$ 为企业性质虚拟变量，若企业的终极控制人为国有企业，则取值为1，否则取值为0；$\sum Industry$ 为行业虚拟变量；$\sum Year$ 为年度虚拟变量；$\varepsilon_t$ 为随机误差项。变量的具体定义如表6-1所示。

**2. 本章采用如下的模型（6-3）来考察会计稳健性对投资不足的影响**

$$UNDERINV_t = \beta_0 + \beta_1 CON_t + \beta_2 PAY_t + \beta_3 CFO_t + \beta_4 ADM_t + \beta_5 ORECTA_t + \beta_6 SOE_t + \sum Industry + \sum Year + \varepsilon_t \quad (6-3)$$

其中，$UNDERINV_t$ 表示投资不足，等于模型（6-1）中小于0的回归残差的绝对值；其他变量定义同模型（6-2）。变量的具体定义如表6-1所示。

**3. 本章按照机构投资者稳定性这一虚拟变量进行分组，采用模型（6-4）来检验假设1**

$$OVERINV_t(STABLE=1/STABLE=0) = \beta_0 + \beta_1 CON_t + \beta_2 PAY_t + \beta_3 CFO_t + \beta_4 ADM_t + \beta_5 ORECTA_t + \beta_6 SOE_t + \sum Industry + \sum Year + \varepsilon_t \quad (6-4)$$

其中，$STABLE$ 为机构投资者稳定性虚拟变量，取值为1，表示该机构投资者为稳定型机构投资者；取值为0，表示该机构投资者为交易型机构投资者；$OVERINV_t(STABLE=1)$ 表示稳定型机构投资者样本组内公司的过度投资水平；$OVERINV_t(STABLE=0)$ 表示交易型机构投资者样本组内公司的过度投资水平；其他变量定义同模型（6-2）。变量的具体定义如

表6-1所示。若假设1成立，则稳定型机构投资者样本组内的$\beta_1$与交易型机构投资者样本组内的$\beta_1$相比显著为负。

4. 本章按照机构投资者稳定性这一虚拟变量进行分组，采用模型（6-5）来检验假设2

$$UNDERINV_t(STABLE=1/STABLE=0)=\beta_0+\beta_1 CON_t+\beta_2 PAY_t+\beta_3 CFO_t+\beta_4 ADM_t+\beta_5 ORECTA_t+\beta_6 SOE_t+\sum Industry+\sum Year+\varepsilon_t \quad (6-5)$$

其中，$UNDERINV_t(STABLE=1)$表示稳定型机构投资者样本组内公司的投资不足水平；$UNDERINV_t(STABLE=0)$表示交易型机构投资者样本组内公司的投资不足水平。其他变量定义同模型（6-2）。变量的具体定义如表6-1所示。若假设2成立，则交易型机构投资者样本组内的$\beta_1$与稳定型机构投资者样本组内的$\beta_1$相比显著为正。

表6-1　　　　　　　　　主要变量定义表

| 变量名称 | 变量代码 | 变量定义 |
| --- | --- | --- |
| 公司的资本投资水平 | $INV_t$ | $t$年固定资产、在建工程、无形资产、长期股权投资的变化量除以平均总资产 |
| 过度投资 | $OVERINV_t$ | $t$年的过度投资水平，等于模型（6-1）中大于0的回归残差 |
| 投资不足 | $UNDERINV_t$ | $t$年的投资不足水平，等于模型（6-1）中小于0的回归残差的绝对值 |
| 会计稳健性水平 | $CON_t$ | $t$年的公司会计稳健性水平，等于$t-2$、$t-1$、$t$等三年的累计非经营性应计利润的负数除以期初总资产；非经营性应计利润＝净利润－经营活动现金净流量－经营性应计利润 |
| 成长机会 | $TQ_{t-1}$ | $t-1$年的公司成长机会，等于$t-1$的股权市场价值与总负债账面价值之和除以总资产；股权市场价值＝每股年末收盘价×流通股股数＋每股净资产×非流通股股数 |
| 财务杠杆 | $LEV_{t-1}$ | $t-1$年的公司财务杠杆，等于$t-1$年年末的总负债除以总资产 |

续表

| 变量名称 | 变量代码 | 变量定义 |
| --- | --- | --- |
| 货币资金占比 | $CASH_{t-1}$ | $t-1$ 年的货币资金占比,等于 $t-1$ 年年末的货币资金总额除以总资产 |
| 公司年龄 | $AGE_{t-1}$ | 截至 $t-1$ 年末的公司上市年限 |
| 公司规模 | $SIZE_{t-1}$ | $t-1$ 年年末的总资产的自然对数 |
| 股票收益率 | $RET_{t-1}$ | $t-1$ 年 5 月至 $t$ 年 4 月共 12 个月的买——持股收益率 |
| 机构投资者稳定性的哑变量 | $STABLE_t$ | 虚拟变量,当 $t$ 年年末的机构投资者稳定性指标大于(含等于)其同行业同年度的中位数时,取值为 1;否则取值为 0,具体计算公式详见第 4 章的公式(4-1) |
| 高管薪酬 | $PAY_t$ | $t$ 年年末公司金额最高的前三名高管的报酬总额的自然对数 |
| 经营活动现金流 | $CFO_t$ | $t$ 年年末的经营活动现金净流量除以平均总资产 |
| 管理费用率 | $ADM_t$ | $t$ 年年末的管理费用除以营业收入 |
| 大股东占款 | $ORECTA_t$ | $t$ 年年末的其他应收款除以平均总资产 |
| 企业性质 | $SOE_t$ | 虚拟变量,当企业的终极控制人性质为国有企业时,取值为 1;否则取值为 0 |

## 6.4 实证结果分析

### 6.4.1 描述性统计

表 6-2 报告了样本主要变量的描述性统计结果。由表 6-2 可知,公司过度投资、投资不足的平均数分别为 0.063 和 0.067,标准差分别为 0.071 和 0.078,说明这两个指标在样本间的差异性较小。会计稳健性水平的均值为 0.083,这说明了公司的会计稳健性水平较低,标准差为 0.189,说明会计稳健性水平在样本间的差异性较小。样本中稳定型机构投资者的比例为 0.501,这说明了我国上市公司的机构投资者已经逐渐成为稳定型机构投资者。高管薪酬 $PAY$ 的均值为 13.760,标准差为 0.785,这表明样

本在该指标上具有较大差异。经营活动现金流量 CFO 的均值为 0.050，这说明了样本公司的经营活动现金流量比例较小；标准差为 0.091，这表明样本在该指标上的差异性较小。管理费用率 ADM 的均值为 0.101，这表明样本公司的管理费用占营业收入的比重较高；标准差为 0.156，这表明样本在该指标上的差异性较小。大股东占款 ORECTA 的均值为 0.024，标准差为 0.034，这表明样本在该指标上的差异性较小。企业性质 SOE 的均值为 0.645，这反映了样本公司大部分都是国有企业，这符合我国上市公司大部分都是由国有企业改制而来的现状。公司成长机会 TQ 的均值为 1.972，标准差为 1.323，这表明样本在该指标上的差异性较大。财务杠杆 LEV 的均值为 0.519，标准差为 0.203，这表明样本在该指标上的差异性较小。货币资金占比 CASH 的均值为 0.160，标准差为 0.118，这表明样本在该指标上的差异性较小。上市公司年龄 AGE 的均值为 9.446，标准差为 4.082，这表明样本在该指标上的差异性较大。公司规模 SIZE 的均值为 21.651，标准差为 1.225，这表明样本在该指标上的差异性较大。股票收益率 RET 的均值为 0.488，标准差为 1.044，这表明样本在该指标上的差异性较大。

表 6-2　　　　　　　　　　样本的描述性统计

| 变量名 | 样本量 | 均值 | 标准差 | 最小值 | Q1 | 中位数 | Q3 | 最大值 |
| --- | --- | --- | --- | --- | --- | --- | --- | --- |
| OVERINV | 3051 | 0.063 | 0.071 | $4.884E-07$ | 0.018 | 0.040 | 0.079 | 0.432 |
| UNDERINV | 3036 | 0.067 | 0.078 | $2.204E-05$ | 0.019 | 0.042 | 0.081 | 0.432 |
| CON | 6087 | 0.083 | 0.189 | -0.480 | -0.007 | 0.081 | 0.171 | 0.817 |
| PAY | 6087 | 13.760 | 0.785 | 11.806 | 13.249 | 13.781 | 14.279 | 15.661 |
| CFO | 6087 | 0.050 | 0.091 | -0.234 | 0.003 | 0.048 | 0.100 | 0.315 |
| ADM | 6087 | 0.101 | 0.156 | 0.009 | 0.041 | 0.067 | 0.106 | 1.365 |
| ORECTA | 6087 | 0.024 | 0.034 | 0 | 0.005 | 0.012 | 0.028 | 0.200 |
| SOE | 6087 | 0.645 | — | — | — | — | — | — |
| STABLE | 6087 | 0.501 | | | | | | |
| TQ | 6087 | 1.972 | 1.323 | 0.805 | 1.137 | 1.543 | 2.270 | 8.575 |
| LEV | 6087 | 0.519 | 0.203 | 0.079 | 0.378 | 0.526 | 0.652 | 1.223 |
| CASH | 6087 | 0.160 | 0.118 | 0 | 0.078 | 0.132 | 0.212 | 0.998 |

续表

| 变量名 | 样本量 | 均值 | 标准差 | 最小值 | Q1 | 中位数 | Q3 | 最大值 |
|---|---|---|---|---|---|---|---|---|
| AGE | 6087 | 9.446 | 4.082 | 1 | 6 | 10 | 13 | 20 |
| SIZE | 6087 | 21.651 | 1.225 | 11.348 | 20.847 | 21.542 | 22.327 | 28.136 |
| RET | 6087 | 0.488 | 1.044 | −0.744 | −0.129 | 0.158 | 0.685 | 12.663 |

### 6.4.2 实证检验结果分析

1. 机构投资者异质性对会计稳健性与过度投资之间关系的影响

本章在考察机构投资者异质性对会计稳健性与过度投资之间关系的影响前，首先考察了会计稳健性对过度投资的影响。

表6-3的第（1）列报告了会计稳健性对过度投资的影响。从第（1）列可以看出，公司的会计稳健性水平 CON 与过度投资 OVERINV 之间负相关（$\beta_1 = -0.021$，$t = -1.95$），且在10%的水平上显著，这表明会计稳健性水平越高，公司发生过度投资行为的可能性越小，即会计稳健性与过度投资之间负相关，这与 Ball（2001）、Ball 和 Shivakumar（2005）、陶晓慧和柳建华（2010）得出的研究结论一致。

表6-3的第（2）、第（3）列报告假设1的检验结果，其中第（2）列报告了稳定型机构投资者样本组内会计稳健性对过度投资影响的多元回归结果；第（3）列报告了交易型机构投资者样本组内会计稳健性对过度投资影响的多元回归结果。从表6-3的第（2）列可以发现，在稳定型机构投资者样本组内，公司的会计稳健性水平 CON 与过度投资 OVERINV 之间负相关（$\beta_1 = -0.029$，$t = -1.89$），且在10%的水平上显著。从表6-3的第（3）列可以发现，在交易型机构投资者样本组内，公司的会计稳健性水平 CON 与过度投资 OVERINV 之间负相关（$\beta_1 = -0.010$，$t = -0.63$），但不显著。表6-3第（2）、第（3）列的研究结果说明了与交易型机构投资者相比，稳定型机构投资者强化了会计稳健性与过度投资之间的负相关关系，H1 得到验证。

就控制变量而言，在稳定型机构投资者样本组内［表6-3的第（2）

列],高管薪酬 PAY 与过度投资 OVERINV 之间负相关($\beta_2 = -0.013$,$t = -3.68$),且在1%的水平上显著,这表明公司的高管薪酬发挥了激励机制的作用,高管在获得较高的薪酬后更好地与股东的利益保持一致,降低了公司的过度投资行为,这一研究结果与辛清泉等(2007)得出的研究结论一致。经营活动现金流 CFO 与过度投资 OVERINV 之间正相关($\beta_3 = 0.122$,$t = 3.87$),且在1%的水平上显著,这表明公司的经营活动现金流量比例越高,公司发生过度投资的行为越严重,这一研究结果与辛清泉等(2007)、陈运森和谢德仁(2011)得出的研究结论一致。企业性质 SOE、管理费用率 ADM、大股东占款 ORECTA 与过度投资 OVERINV 之间分别负相关、正相关、负相关,但不显著。在交易型机构投资者样本组内[表6-3 的第(3)列],高管薪酬 PAY 与过度投资 OVERINV 之间负相关($\beta_2 = -0.008$,$t = -1.90$),且在10%的水平上显著,这表明公司的高管薪酬发挥了激励机制的作用,高管在获得较高的薪酬后更好地与股东的利益保持一致,降低了公司的过度投资行为,这一研究结果与辛清泉等(2007)以及表6-3第(2)列得出的研究结论一致。经营活动现金流 CFO 与过度投资 OVERINV 之间正相关($\beta_3 = 0.173$,$t = 5.25$),且在1%的水平上显著,这表明公司的经营活动现金净流量比例越高,公司发生过度投资的行为越严重,这一研究结果与辛清泉等(2007)、陈运森和谢德仁(2011)以及表6-3第(2)列得出的研究结论一致。企业性质 SOE、管理费用率 ADM、大股东占款 ORECTA 与过度投资 OVERINV 之间分别负相关、正相关、负相关,但不显著,这些研究发现与表6-3的第(2)列中得出的研究结论一致。

表6-3　　机构投资者异质性、会计稳健性与过度投资

| 变量名 | (1) OVERINV | (2) OVERINV (STABLE=1) | (3) OVERINV (STABLE=0) |
| --- | --- | --- | --- |
| 截距项 | 0.233 *** <br> (6.08) | 0.265 *** <br> (5.09) | 0.183 *** <br> (3.13) |
| CON | -0.021 * <br> (-1.95) | -0.029 * <br> (-1.89) | -0.010 <br> (-0.63) |

续表

| 变量名 | (1) OVERINV | (2) OVERINV (STABLE=1) | (3) OVERINV (STABLE=0) |
| --- | --- | --- | --- |
| PAY | -0.011*** | -0.013*** | -0.008* |
|  | (-4.19) | (-3.68) | (-1.90) |
| CFO | 0.148*** | 0.122*** | 0.173*** |
|  | (6.57) | (3.87) | (5.25) |
| ADM | 0.016 | 0.006 | 0.020 |
|  | (1.09) | (0.21) | (1.15) |
| ORECTA | -0.098 | -0.056 | -0.143 |
|  | (-1.61) | (-0.69) | (-1.58) |
| SOE | -0.005 | -0.004 | -0.007 |
|  | (-1.28) | (-0.64) | (-1.12) |
| 行业效应 | 已控制 | 已控制 | 已控制 |
| 年度效应 | 已控制 | 已控制 | 已控制 |
| Obs | 2465 | 1239 | 1226 |
| F 统计量 | 10.86*** | 5.46*** | 6.15*** |
| Adj $R^2$ | 0.078 | 0.070 | 0.081 |

注：括号内为 t 值；***、**、* 分别表示在 1%、5%、10% 的水平上显著；OVERINV=1 表示过度。

**2. 机构投资者异质性对会计稳健性与投资不足之间关系的影响**

本章在考察机构投资者异质性对会计稳健性与投资不足之间关系的影响前，首先考察了会计稳健性对投资不足的影响。

表 6-4 的第（1）列报告了会计稳健性对投资不足的影响。从第（1）列可以发现，公司的会计稳健性水平 CON 与投资不足 UNDERINV 之间正相关（$\beta_1 = 0.020$，$t = 4.48$），且在 1% 的水平上显著，这表明会计稳健性水平越高，公司的投资不足现象越严重，即会计稳健性与投资不足之间正相关，这与 Leuz（2001）、Watts（2003）、Vierrecchia（2006）、Roychowdhury（2010）得出的研究结论一致。

表 6-4 的第（2）、第（3）列报告了假设 2 的检验结果，其中第（2）列报告了稳定型机构投资者样本组内会计稳健性对投资不足影响的多元回

归结果；第（3）列报告了交易型机构投资者样本组内会计稳健性对投资不足影响的多元回归结果。从表 6-4 的第（2）列可以发现，在稳定型机构投资者样本组内，公司的会计稳健性水平 CON 与投资不足 UNDERINV 之间正相关（$\beta_1=0.015$，$t=2.23$），且在 5% 的水平上显著。从表 6-4 的第（3）列可以发现，在交易型机构投资者样本组内，公司的会计稳健性水平 CON 与投资不足 UNDERINV 之间正相关（$\beta_1=0.026$，$t=4.13$），且在 1% 的水平上显著；这表明稳定型机构投资者样本组内的会计稳健性水平 CON 与投资不足 UNDERINV 之间正相关的系数与显著性水平均小于交易型机构投资者样本组内的会计稳健性水平 CON 与投资不足 UNDERINV 之间正相关的系数与显著性水平，这说明了与交易型机构投资者相比，稳定型机构投资者缓解了会计稳健性与投资不足之间的正相关关系，H2 得到验证。

就控制变量而言，在稳定型机构投资者样本组内［表 6-4 的第（2）列］，企业性质 SOE 与投资不足 UNDERINV 之间负相关（$\beta_6=-0.009$，$t=-3.51$），且在 1% 的水平上显著，这表明与非国有企业相比，国有企业的投资不足行为较少，这一研究结果与孙刚（2010）以及表 6-4 的第（1）列得出的研究结论一致。管理费用率 ADM 与投资不足 UNDERINV 之间正相关（$\beta_4=0.023$，$t=2.90$），且在 1% 的水平上显著，这表明公司的管理费用率越高，公司可用于投资的资金越少，故导致了投资不足现象的产生，这一研究结果与辛清泉等（2007）、陈运森和谢德仁（2011）以及表 6-4 的第（1）列得出的研究结论一致。大股东占款 ORECTA 与投资不足 UNDERINV 之间正相关（$\beta_5=0.076$，$t=1.90$），且在 10% 的水平上显著，这说明公司大股东占款越多，公司的资金越紧张，投资不足现象越严重，这一研究结果与辛清泉等（2007）以及表 6-4 的第（1）列得出的研究结论一致。高管薪酬 PAY 与投资不足 UNDERINV 之间负相关（$\beta_2=-0.010$，$t=-5.96$），且在 1% 的水平上显著，这表明公司的高管薪酬发挥了激励机制的作用，高管在获得较高的薪酬后更好地与股东的利益保持一致，降低了公司的投资不足行为，这一研究结果与表 6-4 的第（1）列得出的研究结论一致。经营活动现金流 CFO 与投资不足 UNDERINV 之间分别正相关,但不显著。在交易型机构投资者样本组内[表6-4的第(3)列],企业性质 SOE 与投资不足 UNDERINV 之间负相关($\beta_6 = -0.010$,$t = -3.78$),且在1%的水平上显著,这表明与非国有企业相比,国有企业的投资不足行为较少,这一研究结果与孙刚(2010)以及表6-4的第(1)、第(2)列得出的研究结论一致。管理费用率 ADM 与投资不足 UNDERINV 之间正相关($\beta_4 = 0.029$,$t = 4.22$),且在1%的水平显著,这表明了公司的管理费用率越高,公司可用于投资的资金越少,故导致了投资不足现象更加严重,这一研究结果与辛清泉等(2007)、陈运森和谢德仁(2011)以及表6-4的第(1)、第(2)列得出的研究结论一致。大股东占款 ORECTA 与投资不足 UNDERINV 之间正相关($\beta_5 = 0.145$,$t = 4.24$),且在1%的水平上显著,这说明公司大股东占款越多,公司的资金越紧张,投资不足现象越严重,这一研究结果与辛清泉等(2007)以及表6-4的第(1)、第(2)列得出的研究结论一致。高管薪酬 PAY 与投资不足 UNDERINV 之间负相关($\beta_2 = -0.007$,$t = -4.19$),且1%的水平上显著,这表明公司的高管薪酬发挥了激励机制的作用,高管在获得较高的薪酬后更好地与股东的利益保持一致,降低了公司投资不足现象的发生,这与表6-4的第(1)、第(2)列得出的研究结论一致。经营活动现金流 CFO 与投资不足 UNDERINV 之间负相关($\beta_4 = -0.037$,$t = -2.59$),且在1%的水平上显著,这表明公司的经营活动现金净流量比例越高,公司发生投资不足的行为越少,这与辛清泉等(2007)、陈运森和谢德仁(2011)得出的研究结论一致。

表6-4 机构投资者异质性、会计稳健性与投资不足

| 变量名 | (1) UNDERINV | (2) UNDERINV (STABLE = 1) | (3) UNDERINV (STABLE = 0) |
| --- | --- | --- | --- |
| 截距项 | 0.168 *** (9.92) | 0.191 *** (8.09) | 0.149 *** (5.94) |
| CON | 0.020 *** (4.48) | 0.015 ** (2.23) | 0.026 *** (4.13) |

续表

| 变量名 | (1) UNDERINV | (2) UNDERINV (STABLE=1) | (3) UNDERINV (STABLE=0) |
|---|---|---|---|
| PAY | -0.008*** | -0.010*** | -0.007*** |
|  | (-7.14) | (-5.96) | (-4.19) |
| CFO | -0.008 | 0.021 | -0.037*** |
|  | (-0.85) | (1.50) | (-2.59) |
| ADM | 0.027*** | 0.023*** | 0.029*** |
|  | (5.28) | (2.90) | (4.22) |
| ORECTA | 0.120*** | 0.076* | 0.145*** |
|  | (4.67) | (1.90) | (4.24) |
| SOE | -0.009*** | -0.009*** | -0.010*** |
|  | (-5.09) | (-3.51) | (-3.78) |
| 行业效应 | 已控制 | 已控制 | 已控制 |
| 年度效应 | 已控制 | 已控制 | 已控制 |
| Obs | 3622 | 1808 | 1814 |
| F 统计量 | 21.85*** | 10.02*** | 13.07*** |
| Adj $R^2$ | 0.108 | 0.095 | 0.123 |

注：括号内为 t 值；***、**、* 分别表示在1%、5%、10%的水平上显著。

## 6.5 稳健性检验

1. 借鉴 Elyasiani 等（2010）、李争光等（2014）的做法，拉长时间窗口，从更长的时间窗口考察机构投资者的稳定性，即用公司机构投资者当年持股比例除以其前五年的机构投资者持股比例的标准差作为从时间维度度量机构投资者稳定性的指标，行业维度不变。本部分仍然采用模型（6-2）、模型（6-3）、模型（6-4）和模型（6-5）对会计稳健性与投资效率之间的关系以及机构投资者异质性对会计稳健性与投资效率之间关系的影响进行多元回归分析，回归结果如表6-5所示。

表6-5报告了在拉长时间窗口情形下，会计稳健性水平与投资效率之间关系、机构投资者异质性对会计稳健性与投资效率之间关系影响的多元回归结果。其中，第（1）列报告了会计稳健性对过度投资影响的多元回归结果，第（2）、第（3）列报告了假设1的检验结果；第（4）列报告了会计稳健性对投资不足影响的多元回归结果，第（5）列、第（6）列报告了假设2的检验结果。

从表6-5的第（1）列可以看出，公司的会计稳健性水平 CON 与过度投资 OVERINV 之间负相关（$\beta_1 = -0.027$，$t = -2.47$），且在5%的水平上显著，这表明会计稳健性水平越高，公司发生过度投资行为的可能性越小，即会计稳健性与过度投资之间负相关。

从表6-5的第（2）列可以发现，在稳定型机构投资者样本组内，公司的会计稳健性水平 CON 与过度投资 OVERINV 之间负相关（$\beta_1 = -0.036$，$t = -2.28$），且在5%的水平上显著；从表6-5的第（3）列可以发现，在交易型机构投资者样本组内，公司的会计稳健性水平 CON 与过度投资 OVERINV 之间负相关（$\beta_1 = -0.017$，$t = -1.07$），但不显著。表6-5的第（2）、第（3）列的研究结果说明了与交易型机构投资者相比，稳定型机构投资者强化了会计稳健性与过度投资之间的负相关关系，H1再次得到验证。

从表6-5的第（4）列可以看出，公司的会计稳健性水平 CON 与投资不足 UNDERINV 之间正相关（$\beta_1 = 0.019$，$t = 3.97$），且在1%的水平上显著，这表明会计稳健性水平越高，公司发生投资不足现象的可能性越高，即会计稳健性与投资不足之间正相关。

从表6-5的第（5）列可以发现，在稳定型机构投资者样本组内，公司的会计稳健性水平 CON 与投资不足 UNDERINV 之间正相关（$\beta_1 = 0.006$，$t = 0.85$），但不显著。从表6-5的第（6）列可以发现，在交易型机构投资者样本组内，公司的会计稳健性水平 CON 与投资不足 UNDERINV 之间正相关（$\beta_1 = 0.030$，$t = 4.66$），且在1%的水平上显著。表6-5的第（2）、第（3）列的研究结果说明了与交易型机构投资者相比，稳定型机构投资者缓解了会计稳健性与投资不足之间的正相关关系，H2再次得到验证。

表 6-5　　机构投资者异质性、会计稳健性与投资效率
（考虑机构投资者五年持股比例变化）

| 变量名 | (1)<br>OVERINV | (2)<br>OVERINV<br>(STABLE=1) | (3)<br>OVERINV<br>(STABLE=0) | (4)<br>UNDERINV | (5)<br>UNDERINV<br>(STABLE=1) | (6)<br>UNDERINV<br>(STABLE=0) |
|---|---|---|---|---|---|---|
| 截距项 | 0.241*** | 0.322*** | 0.158*** | 0.171*** | 0.171 | 0.164*** |
|  | (5.92) | (5.60) | (2.62) | (9.57) | (6.68) | (6.36) |
| CON | -0.027** | -0.036** | -0.017 | 0.019*** | 0.006 | 0.030*** |
|  | (-2.47) | (-2.28) | (-1.07) | (3.97) | (0.85) | (4.66) |
| PAY | -0.012*** | -0.017*** | -0.006 | -0.008*** | -0.008*** | -0.008*** |
|  | (-4.15) | (-4.31) | (-1.47) | (-6.92) | (-4.76) | (-4.65) |
| CFO | 0.150*** | 0.149*** | 0.146*** | -0.014 | 0.021 | -0.051*** |
|  | (6.32) | (4.37) | (4.29) | (-1.31) | (1.45) | (-3.30) |
| ADM | 0.015 | 0.006 | 0.020 | 0.026*** | 0.038*** | 0.018*** |
|  | (1.05) | (0.19) | (1.21) | (4.94) | (4.37) | (2.78) |
| ORECTA | -0.101 | -0.041 | -0.194** | 0.107*** | 0.050 | 0.144*** |
|  | (-1.60) | (-0.49) | (-2.01) | (3.97) | (1.21) | (4.04) |
| SOE | -0.008* | -0.007 | -0.009 | -0.010 | -0.009*** | -0.011*** |
|  | (-1.84) | (-1.10) | (-1.34) | (-5.09) | (-3.26) | (-3.71) |
| 行业效应 | 已控制 | 已控制 | 已控制 | 已控制 | 已控制 | 已控制 |
| 年度效应 | 已控制 | 已控制 | 已控制 | 已控制 | 已控制 | 已控制 |
| Obs | 2215 | 1163 | 1052 | 3288 | 1598 | 1690 |
| F 统计量 | 11.04*** | 6.67*** | 5.26*** | 20.27*** | 10.03*** | 11.49*** |
| Adj $R^2$ | 0.087 | 0.093 | 0.078 | 0.110 | 0.106 | 0.115 |

注：括号内为 t 值；***、**、* 分别表示在 1%、5%、10% 的水平上显著。

2. 借鉴石美娟和童卫华（2009）、李争光等（2014）的做法，以基金公司作为机构投资者的代理变量，在此基础上度量机构投资者的异质性。本部分仍然采用模型（6-2）、模型（6-3）、模型（6-4）和模型（6-5）对会计稳健性与投资效率之间的关系以及机构投资者异质性对这两者之间关系的影响进行多元回归分析，回归结果如表 6-6 所示。

表 6-6 报告了以基金公司作为机构投资者的代理变量情形下，会计稳健性水平与投资效率之间关系、机构投资者异质性对会计稳健性与投资效

率之间关系影响的多元回归结果。其中第（1）列报告了会计稳健性对过度投资影响的多元回归结果，第（2）、第（3）列报告了假设1的检验结果；第（4）列报告了会计稳健性对投资不足影响的多元回归结果，第（5）、第（6）列报告了假设2的检验结果。

从表6-6的第（1）列可以看出，公司的会计稳健性水平 CON 与过度投资 OVERINV 之间负相关（$\beta_1 = -0.029$，$t = -2.51$），且在5%的水平上显著，这表明会计稳健性水平越高，公司发生过度投资行为的可能性越小，即会计稳健性与过度投资之间负相关。

从表6-6的第（2）列可以发现，在稳定型机构投资者样本组内，公司的会计稳健性水平 CON 与过度投资 OVERINV 之间负相关（$\beta_1 = -0.042$，$t = -2.47$），且在5%的水平上显著。从表6-6的第（3）列可以发现，在交易型机构投资者样本组内，公司的会计稳健性水平 CON 与过度投资 OVERINV 之间负相关（$\beta_1 = -0.014$，$t = -0.86$），但不显著。表6-6的第（2）、第（3）列的研究结果说明了与交易型机构投资者相比，稳定型机构投资者强化了会计稳健性与过度投资之间的负相关关系，H1再次得到验证。

从表6-6的第（4）列可以看出，公司的会计稳健性水平 CON 与投资不足 UNDERINV 之间正相关（$\beta_1 = 0.019$，$t = 3.69$），且在1%的水平上显著，这表明会计稳健性水平越高，公司发生投资不足现象的可能性越高，即会计稳健性与投资不足之间正相关。

从表6-6的第（5）列可以发现，在稳定型机构投资者样本组内，公司的会计稳健性水平 CON 与投资不足 UNDERINV 之间正相关（$\beta_1 = 0.017$，$t = 2.66$），且在1%的水平上显著；从表6-6的第（6）列可以发现，在交易型机构投资者样本组内，公司的会计稳健性水平 CON 与投资不足 UNDERINV 之间正相关（$\beta_1 = 0.021$，$t = 2.74$），且在1%的水平上显著，虽然其系数的显著性水平与稳定型机构投资者样本组内公司的会计稳健性水平 CON 与投资不足 UNDERINV 之间系数的显著性水平一致，但其系数却比稳定型机构投资者样本组内公司的会计稳健性水平 CON 与投资不足 UNDERINV 之间的系数大，这说明了与交易型机构投资者相比，稳定型机构投资者在一定程度上缓解了会计稳健性与投资不足之间的正相关关系，H2 再次得到验证。

表6-6 机构投资者异质性、会计稳健性与投资效率
（以基金作为机构投资者的代表）

| 变量名 | (1) OVERINV | (2) OVERINV (STABLE=1) | (3) OVERINV (STABLE=0) | (4) UNDERINV | (5) UNDERINV (STABLE=1) | (6) UNDERINV (STABLE=0) |
|---|---|---|---|---|---|---|
| 截距项 | 0.228*** (5.65) | 0.277*** (4.95) | 0.176*** (2.86) | 0.182*** (10.19) | 0.144*** (6.36) | 0.200*** (7.03) |
| CON | -0.029** (-2.51) | -0.042** (-2.47) | -0.014 (-0.86) | 0.019*** (3.69) | 0.017*** (2.66) | 0.021*** (2.74) |
| SOE | -0.010*** (-3.74) | -0.001 (-0.10) | -0.006 (-0.89) | -0.009*** (-7.40) | -0.009*** (-3.85) | -0.010*** (-3.23) |
| PAY | 0.162*** (6.67) | -0.015*** (-3.92) | -0.005 (-1.23) | 0.002 (0.22) | -0.006*** (-4.04) | -0.010*** (-5.08) |
| CFO | 0.020 (1.09) | 0.150*** (4.47) | 0.181*** (4.96) | 0.026*** (4.33) | 0.024* (1.95) | -0.023 (-1.33) |
| ADM | -0.115* (-1.69) | -0.031 (-1.21) | 0.081*** (3.11) | 0.141*** (4.93) | 0.017** (1.97) | 0.028*** (3.32) |
| ORECTA | -0.003 (-0.79) | -0.049 (-0.46) | -0.149* (-1.67) | -0.010*** (-5.04) | 0.082*** (2.03) | 0.173*** (4.26) |
| 行业效应 | 已控制 | 已控制 | 已控制 | 已控制 | 已控制 | 已控制 |
| 年度效应 | 已控制 | 已控制 | 已控制 | 已控制 | 已控制 | 已控制 |
| Obs | 2260 | 1219 | 1041 | 3224 | 1560 | 1664 |
| F 统计量 | 9.93*** | 5.06*** | 6.55*** | 20.28*** | 9.81*** | 10.63*** |
| Adj $R^2$ | 0.077 | 0.066 | 0.101 | 0.112 | 0.106 | 0.108 |

注：括号内为 t 值；***、**、* 分别表示在1%、5%、10%的水平上显著。

## 6.6　本章结论与启示

本章与第 4 章、第 5 章的做法一致，借鉴了 Elyasiani 和 Jia（2010）、牛建波等（2013）、李争光等（2014）对机构投资者的分类方法，将机构投资者按其投资期限与持股动机的不同划分为交易型与稳定型机构投资者，在此基础上，以我国 2007—2012 年的 A 股上市公司为研究对象，采用 Richardson（2006）模型从过度投资与投资不足两个角度度量投资效率，采用 Givoly 和 Hayn（2006）的累计三年非经营性应计利润的负数作为公司会计稳健性水平的代理变量，运用多元回归分析考察了机构投资者异质性对会计稳健性与投资效率之间关系的影响。由于考察机构投资者异质性对会计稳健性与投资效率之间关系影响的前提是会计稳健性能够对投资效率产生影响，虽然学术界已经对会计稳健性与投资效率之间的关系进行了大量的研究，但是本章仍然在考察机构投资者异质性对会计稳健性与投资效率之间关系的影响前，考察了会计稳健性对投资效率的影响。本章的经验证据表明：与交易型机构投资者相比，稳定型机构投资者显著强化了会计稳健性与过度投资之间的负相关关系，缓解了会计稳健性与投资不足之间的正相关关系。同时，本章的研究也为学术界已有的会计稳健性与过度投资之间负相关、会计稳健性与投资不足之间正相关的观点提供了新的经验证据。本章还进行了一系列稳健性检验：（1）借鉴 Elyasiani 等（2010）、李争光等（2014）的做法，拉长时间窗口，从更长的时间维度考察机构投资者的稳定性，行业维度不变。在此基础上，考察了机构投资者异质性对会计稳健性与过度投资、会计稳健性与投资不足之间关系的影响。（2）借鉴石美娟和童卫华（2009）、李争光等（2014）的做法，以基金公司作为机构投资者的代理变量，在此基础上检验了本章的假设 1 和假设 2。稳健性检验的结果再次验证了本章的假设 1 和假设 2。

本章的研究结论具有以下理论与现实意义：第一，本章研究发现与交易型机构投资者相比，稳定型机构投资者显著强化了会计稳健性与过度投资之间的负相关关系，缓解了会计稳健性与投资不足之间的正相关关系，这突破了会计稳健性与过度投资、会计稳健性与投资不足之间关系的研究，从机构投资者异质性视角拓展了会计稳健性经济后果领域的研究。第二，本章研究发现与交易型机构投资者相比，稳定型机构投资者的公司治理效应更加显著，深化了机构投资者异质性领域的研究。第三，本章的研究结论表明，政府监管部门应认识到不同性质的机构投资者的公司治理效应存在显著差异，引导机构投资者注重对其投资公司经营活动的监督和关注，力争成为资本市场的长线型机构投资者。第四，本章的研究结论表明，稳定型机构投资者的公司治理效应更加显著，这就要求政府监管机构在引导机构投资者成为稳定型机构投资者的同时，还应该大力发展社保基金、养老基金、合格境外机构投资者（QFII）等机构投资者，因为这些机构投资者已经被证实能够对其投资公司实施积极的监督。第五，本章的研究结论为学术界已存的会计稳健性是一把"双刃剑"的观点提供了新的经验证据，会计稳健性这一公司治理机制既能抑制公司管理层的过度投资行为，也会导致公司投资不足现象的产生。这些研究结论可以为会计准则制定机构以及公司的利益相关者根据企业投资的具体情况，合理确定企业的会计稳健性水平，为提高企业的投资效率提供参考。例如，当公司出现严重的过度投资行为时，提高对会计稳健性水平的要求，从而发挥会计稳健性抑制过度投资的作用；当公司出现严重的投资不足现象时，适度放宽对会计稳健性水平的要求，从而缓解会计稳健性对投资不足的负面影响。

# 第 7 章

## 机构投资者异质性与企业绩效

通过第 5 章、第 6 章的研究结论发现，与交易型机构投资者相比，稳定型机构投资者显著强化了会计稳健性与股权融资成本之间的负相关关系、强化了会计稳健性与过度投资之间的负相关关系、缓解了会计稳健性与投资不足之间的正相关关系，这说明与交易型机构投资者相比，稳定型机构投资者能够降低股权融资成本和提高投资效率。那么，既然稳定型机构投资者能够降低股权融资成本和提高投资效率，那么其是否能够促进企业绩效提升呢？为此，本章从企业绩效视角进一步检验不同性质的机构投资者的监督效应，进而为第 5 章、第 6 章的研究结论提供进一步的证据。

## 7.1 引言

国内外学者的大量研究已经表明，机构投资者较之小股东在行业特长和信息搜集等方面具有优势，但机构投资者在改善公司治理水平，提升企业绩效的功能方面尚未取得一致结论（Chhaochharia 等，2012）。本章从机构投资者异质性的视角来考察不同性质的机构投资者对企业绩效的影响，以期找出机构投资者在公司治理中产生截然不同结论的原因。

本章选取了 2007—2012 年沪深两市 A 股上市公司作为研究样本，采用多元回归模型检验了机构投资者对企业绩效的影响；并考察了稳定型机构投资者与交易型机构投资者这两类不同性质的机构投资者对企业绩效的影响。本章的经验证据表明，机构投资者显著提高了企业绩效。进一步分析发现，与交易型机构投资者相比，稳定型机构投资者对企业绩效的影响更加显著。本章的研究结果表明了机构投资者尤其是稳定型机构投资者能够有效发挥公司治理效应，显著改善企业绩效。

本章的研究可能具有以下贡献：第一，本章的研究结论表明，机构投资者发挥了有效监督效应，为第 5 章、第 6 章的研究结论提供了进一步的证据。第二，不同于其他学者侧重从机构投资者持股比例视角来研究其对企业绩效的影响，本章检验了稳定型机构投资者与交易型机构投资者这两类不同性质的机构投资者对企业绩效的影响程度，研究发现，与交易型机构投资者相比，稳定型机构投资者对企业绩效的影响更加显著，从而深化了机构投资者公司治理效应领域的研究。第三，本章的研究结论有助于政府和监管部门根据机构投资者以及不同性质的机构投资者对企业绩效的影响做出正确引导机构投资者健康发展以及大力发展稳定型机构投资者的决策。

本章的后续内容安排如下：第二部分进行理论分析并提出研究假说；第三部分讨论研究设计；第四部分报告实证结果；第五部分对本章进行总结。

## 7.2 理论分析与研究假设

现代企业制度的基本特征是所有权与经营权的分离，两权分离带来的一个问题是公司股东与管理层之间的代理冲突和信息不对称。在信息不对称的情形下，公司管理层比公司股东更加了解企业的生产经营活动，拥有公司生产经营活动的私人信息。当公司管理层的个人目标函数与股东的目标函数不一致时，公司管理层可能会为了个人利益（比如帝国构建），仅关注公司的短期盈利，并实施有可能损害股东利益的行为，使公司的管理活动具有短视行为，这些代理问题会损害公司价值，降低企业的绩效。

根据公司治理理论可知，现代公司的治理主体经历了一个范围扩大、边界延伸的过程。现代公司的治理主体已经从过去的股东，扩展到了包括股东、债权人、经营者、职工在内的全部公司成员，再扩展到更广泛的利益相关者。公司利益相关者都有着强烈的动机参与公司治理，但是在我国这样一个新兴转型国家，资本市场发展不完善、股权结构不合理、信息披露不充分等现象的存在导致了一些公司利益相关者没有能力监督公司管理层。机构投资者由于具有行业专长、信息优势、资金优势，再加之其对投资公司的持股比例高，被国家赋予了改善上市公司治理结构、提升企业绩效、保护中小股东合法权益的神圣责任。

国内外学者认为机构投资者能否发挥公司治理效应存在三种假说：有

效监督假说、无效监督假说和利益合谋假说。有效监督假说是指机构投资者可以利用其大股东所具备的信息优势、专业优势与人才优势,对公司管理层进行有效的监督,这种有效监督可以增加公司的价值,机构投资者能从这种监督中获得超过监督成本的利益;如果积极监督的机构投资者对其投资公司的经营绩效或者董事会决策不满意,他们可以通过卖出其持有的股份以及采取积极的策略来向公司管理层施加压力。无效监督假说是指机构投资者以交易为主要目的,具有短视行为,不干预公司的治理,根据其投资组合再平衡的需要来决定持有或卖出股票。利益合谋假说是指机构投资者与公司管理层为了侵占分散的小股东的利益而进行合谋。例如,投资公司为了获得更多的投资银行业务,通常以牺牲小股东的利益为代价而支持公司的管理层。

机构投资者持股与企业绩效之间存在何种关系主要取决于上述探讨的机构投资者公司治理效应的三种假说。如果机构投资者发挥了有效监督的作用,能够降低股东与管理层之间的信息不对称,缓解代理冲突,那么我们可以预期机构投资者持股比例与企业绩效之间存在正相关关系,如果机构投资者公司治理效应符合无效监督假说,股东与公司管理层之间的信息不对称程度不会降低,代理冲突也不会缓解,那么我们可以预期机构投资者持股比例与企业绩效之间不存在相关关系,或者存在弱相关关系;如果机构投资者公司治理效应符合利益合谋假说,那么机构投资者与公司管理层会实施有损害公司价值的行为,我们预期在这种情形下,机构投资者持股比例与企业绩效存在负相关关系。根据以上分析,我们提出本章的假设一:

H1a:在其他条件不变的前提下,根据有效监督假说,机构投资者持股比例与企业绩效正相关。

H1b:在其他条件不变的前提下,根据无效监督假说,机构投资者持股比例与企业绩效不相关,或存在弱相关关系。

H1c:在其他条件不变的前提下,根据利益合谋假说,机构投资者持股比例与企业绩效负相关。

已有的研究都是基于机构投资者持股比例来检验机构投资者持股对企

业绩效的影响。但是机构投资者整体持股比例这一指标并不能充分度量机构投资者持股对企业绩效的影响，因为这一指标忽略了所有权水平以外的其他维度对企业绩效的影响。如前所述，我们认为不同性质的机构投资投资者的投资倾向存在差异，从而导致了其对公司管理层的监督积极性不同：一些机构投资者选择积极监督公司的经营管理活动，并对公司管理层施加影响；然而其他的机构投资者则关注信息的收集和短期的交易利润。例如，对于机构投资者持股比例相同的两个公司来说，如果一家公司中的机构投资者变动频繁，而另一家公司中机构投资者没有发生变化，那么后者更可能对公司价值产生影响。机构投资者如何在监督与短期交易战略之间进行选择主要取决于机构投资者的稳定性；稳定型机构投资者更可能从事监督和影响公司管理层的活动；而交易型机构投资者更倾向于通过频繁交易，赚取买卖利差，其不注重对公司管理层的监督。稳定型机构投资者发挥公司治理效用的三种解释如下：一是在既定持股的期限的前提下，稳定型机构投资者有大量机会来研究其投资的公司，并且在持续持股的基础上有更大的动机有效监督其投资的公司，这也许会降低外部人与内部人之间的代理成本、信息不对称程度以及有害股东利益的行为。二是机构投资者的期限越长，越能够降低其投资公司的偿还资金的压力和信息不对称程度，这会促使公司管理层从事能够带来长期回报的投资项目，使得公司的长期绩效得到改善。三是稳定型机构投资者，特别是持股比例高的稳定型机构投资者，能够通过向公司管理层施加压力，迫使公司管理层去改变高管薪酬结构，更多地采用基于股权的薪酬激励机制，确保管理层的利益与股东利益保持一致，稳定型机构投资者也会限制公司管理层从事盈余管理活动，指导公司管理层关注长期盈利。此外，稳定型机构投资者的存在也会导致投资公司董事会中的独立董事比例增加，以改善公司治理，提升企业绩效。

根据机构投资者公司治理效应的三种假说，我们可以判断出稳定型机构投资者在公司治理中符合有效监督假说，是公司的有效监督者；而交易型机构投资者在公司治理中的作用符合无效监督假说。由于与交易型机构投资者相比，稳定型机构投资者有更强的动机监督公司的日常经常活动和管理层行为，这会使其投资公司关注长期投资和改善公司治理。通过上述分析，我们可以发现稳定型机构投资者持股比例高且稳定，它将监督公司管理层和促进企业绩效提升；交易型机构投资者持股比例小且频繁波动，它不会积极主动监督企业管理层的行为。因此，我们提出本章的假设二：

H2：在其他条件不变的前提下，与交易型机构投资者相比，稳定型机构投资者对企业绩效的影响更加显著。

## 7.3 研究设计

### 7.3.1 样本选择与数据来源

本章的研究样本为2007—2012年在我国上市的全部A股上市公司。本章的相关财务数据来自CSMAR数据库。机构投资者持股比例数据来自RESSET数据库。

本章的样本筛选过程如下：（1）剔除了金融类行业的观测值195个；（2）剔除了企业终极控制人性质无法判断及缺失的观测值438个；（3）剔除了其他控制变量缺失的观测值2768个；（4）剔除了机构投资者持股比例数据缺失的观测值1461个；（5）剔除了机构投资者稳定性异常的观测值287个。经过上述的筛选后，本章的最终样本为6723个样本观测值（见表7-1）。

| 表7-1 | 样本选择过程 |
|---|---|
| 2007-2012年通过CSMAR与RESSET合并得到的样本观测值 | 11872 |
| 减： | |
| 金融类企业的观测值 | (195) |
| 企业终极控制人性质无法判断及缺失的观测值 | (438) |
| 其他控制变量数据缺失的观测值 | (2768) |

续表

| | |
|---|---|
| 小计 | 8471 |
| 减: | |
| 机构投资者持股比例数据缺失的观测值 | (1461) |
| 机构投资者稳定性异常的观测值 | (287) |
| 最终样本 | 6723 |

### 7.3.2 变量的选择与度量

1. 企业绩效的度量

本章采用资产收益率 ROA、每股收益 EPS 以及托宾 Q 来度量企业绩效。资产收益率 ROA 以及每股收益 EPS 能够反映企业总资产的使用效率与股东的盈利能力，从会计业绩层面度量了企业绩效。托宾 Q 包含了股票的市场价值，在一定程度上反映了证券市场对企业绩效的反应，一般来讲，企业绩效越好，该公司的股价与股权市值会越高，从而托宾 Q 值越大。

2. 稳定型机构投资者与交易型机构投资者的度量

本章与第 4 章、第 5 章、第 6 章的做法保持一致，借鉴 Elyasiani 和 Jia (2010)、牛建波等 (2013)、李争光等 (2014, 2015) 对机构投资者的分类和度量方法，将机构投资者按照其投资期限和持股动机划分为交易型与稳定型机构投资者，然后从时间和行业两个维度度量机构投资者的异质性，具体计算公式详见第 4 章的公式 (4-1)，在此不再赘述。

3. 其他相关控制变量

借鉴已有研究（石美娟和童卫华，2009；杨典，2013；龙振海，2010；刘星和吴先聪，2011），本章控制了如下变量：资产负债率 LEV、企业规模 SIZE、市账比 MB；为了控制年度、行业对企业绩效的影响，我们在回归模型中加入了年度、行业虚拟变量。变量及其定义详见表 7-2。

表7-2 主要变量定义表

| 变量名称 | 变量代码 | 变量 |
| --- | --- | --- |
| 资产收益率 | ROA | 净利润/平均总资产；平均总资产=（本年末总资产+上年末总资产）/2 |
| 每股收益 | EPS | 净利润/普通股股数 |
| 托宾Q值 | Tobin's Q | （股权市值+负债账面价值）/总资产；股权市值=每股市价×流通股股数+每股净资产×非流通股股数 |
| 机构投资者持股比例 | INVH | 机构投资者持股股数/总股数 |
| 机构投资者稳定性的哑变量 | INVW | 哑变量，当机构投资者稳定性指标SD大于（含等于）其同行业同年度的中位数时，取值为1；否则取值为0，具体计算详见第4章公式4-1 |
| 资产负债率 | LEV | 负债总额/资产总额 |
| 企业规模 | SIZE | 企业总资产的自然对数 |
| 市账比 | MB | 股权市值/股权账面价值 |
| 终极控制人性质 | SOE | 终极控制人性质虚拟变量，若企业的终极控制股东为国有企业，则取值为1，否则取值为0 |

### 7.3.3 实证模型

1. 采用模型（7-2）来检验机构投资者持股对企业绩效的影响

$$Performance_{it} = \beta_0 + \beta_1 INVH_{it} + \beta_2 LEV_{it} + \beta_3 SIZE_{it} + \beta_4 MB_{it} + \beta_5 SOE_{it} + \sum Year + \sum Industry + \varepsilon_{it} \quad (7-2)$$

其中，$Performance$ 为企业绩效，分别用资产收益率 $ROA$、每股收益 $EPS$、托宾 $Q$ 值来度量；$INVH$ 为机构投资者持股比例；$LEV$ 为企业的资产负债率、$SIZE$ 为企业规模、$MB$ 为企业 $i$ 在 $t$ 年的市账比；$SOE$ 为企业 $i$ 在 $t$ 年的终极控制人性质虚拟变量；$\sum Year$ 为年度虚拟变量；$\sum Industry$ 为行业虚拟变量；$\varepsilon$ 为误差项。若 $\beta_1$ 显著为正，则 H1a 成立。

2. 采用模型（7-3）来检验机构投资者异质性对企业绩效的影响

$$Performance_{it} = \beta_0 + \beta_1 INVW_{it} + \beta_2 LEV_{it} + \beta_3 SIZE_{it} + \beta_4 MB_{it} + \beta_5 SOE_{it} +$$

$$\sum Year + \sum Industry + \varepsilon_{it} \qquad (7-3)$$

其中，$INVW$ 为企业 $i$ 在 $t$ 年的机构投资者稳定性虚拟变量，其他变量定义同上。若 $\beta_1$ 显著为正，则表明与交易型机构投资者相比，稳定型机构投资者对企业绩效的影响更加显著，即 H2 成立。

## 7.4 实证结果分析

### 7.4.1 描述性统计

1. 全样本的特征分析

为了避免样本异常值对本章实证结果造成的不良影响，我们对主要连续变量进行了 1%（99%）的缩尾处理。主要连续变量的描述性统计结果如表 7-3 所示。

表 7-3　　　　　　　　　　样本描述性统计

| PanelA：全样本描述性统计 | | | | | | | | | |
|---|---|---|---|---|---|---|---|---|---|
| 变量名 | 样本量 | 均值 | 标准差 | 最小值 | Q1 | 中位数 | Q3 | | 最大值 |
| EPS | 6723 | 0.291 | 0.210 | 0.458 | 0.054 | 0.460 | -1.060 | | 2.120 |
| ROA | 6723 | 0.039 | 0.036 | 0.076 | 0.012 | 0.069 | -0.275 | | 0.299 |
| Tobin's Q | 6723 | 2.133 | 1.634 | 1.628 | 1.201 | 2.409 | 0.805 | | 11.458 |
| INVH | 6723 | 0.178 | 0.113 | 0.184 | 0.030 | 0.271 | 0 | | 0.742 |
| LEV | 6723 | 0.545 | 0.533 | 0.279 | 0.378 | 0.671 | 0.071 | | 2.160 |
| SIZE | 6723 | 21.741 | 21.668 | 1.290 | 20.897 | 22.516 | 18.367 | | 25.378 |
| MB | 6723 | 4.724 | 3.491 | 6.031 | 2.107 | 5.607 | -14.328 | | 41.500 |
| SOE | 6723 | 0.636 | 1.000 | 0.481 | 0 | 1 | 0 | | 1 |
| INVW | 6723 | 0.488 | 0 | 0.500 | 0 | 1 | 0 | | 1 |

续表

Panel B：子样本描述性统计

| 变量 | 稳定型机构投资者 | | | 交易型机构投资者 | | | 差异性检验 | |
| --- | --- | --- | --- | --- | --- | --- | --- | --- |
| | 均值 | 中位数 | 标准差 | 均值 | 中位数 | 标准差 | 均值 | 中位数 |
| EPS | 0.363 | 0.267 | 0.482 | 0.222 | 0.163 | 0.423 | 12.72*** | 13.71*** |
| ROA | 0.048 | 0.042 | 0.073 | 0.031 | 0.030 | 0.077 | 9.45*** | 11.51*** |
| Tobin's Q | 2.150 | 1.653 | 1.547 | 2.117 | 1.611 | 1.702 | 1.78* | 3.27*** |
| INVH | 0.274 | 0.237 | 0.190 | 0.087 | 0.039 | 0.122 | 47.85*** | 47.13*** |
| LEV | 0.526 | 0.526 | 0.255 | 0.563 | 0.539 | 0.299 | -5.50*** | -4.43*** |
| SIZE | 21.886 | 21.760 | 1.303 | 21.603 | 21.565 | 1.261 | 9.04*** | 8.25*** |
| MB | 4.675 | 3.584 | 5.366 | 4.771 | 3.398 | 6.604 | -0.65 | 2.60*** |
| SOE | 0.652 | 1 | 0.477 | 0.621 | 1 | 0.485 | 2.60*** | 2.60*** |
| 观测值 | | 3280 | | | 3443 | | | |

注：稳定型机构投资者与交易型机构投资者两个独立子样本之间的均值（中位数）差异采用的 t 检验（Wilcoxon 双侧检验）。***、**、* 分别表示在 1%、5% 和 10% 水平上显著。

表 7-3 的 Panel A 列报了全样本的描述性统计，每股收益 EPS、资产收益率 ROA、托宾 Q 值的均值（中位数）分别为 0.291（0.460）、0.039（0.069）、2.1335（2.409），标准差较小。机构投资者持股比例的均值（中位数）为 17.8%（27.1%），说明了我国上市公司的机构投资者持股比例较高，机构投资者已经成为上市公司的大股东。样本中国有企业比例为 63.6%，说明我国大部分上市公司为国有企业的现实。稳定型机构投资者的比例为 48.8%，说明了我国上市公司的机构股东大部分为交易型机构投资者。

2. 稳定型机构投资者与交易型机构投资者的特征及差异分析

表 7-3 的 Panel B 分别报告了稳定型机构投资者和交易型机构投资者两类机构投资者的特征分析，并对两类机构投资者相关变量的组间均值和中位数进行了差异性检验。从子样本的描述性分析中可以发现，稳定型机构投资者持股比例 INVH、每股收益 EPS、资产收益率 ROA、托宾 Q 值的均值（中位数）分别为 27.4%（23.7%）、0.363（0.267）、0.0438（0.042）、2.150（1.653），标准差较小；交易型机构投资者持股比例 INVH、每股收益 EPS、资产收益率 ROA、托宾 Q 值的均值（中位数）分别为

8.7%（3.9%）、0.222（0.163）、0.031（0.030）、2.117（1.611），标准差也较小；从均值和中位数差异性检验的这两列中，我们发现两类机构投资者在除市账比（MB）以外的变量上都存在显著差异，其中稳定型机构投资者在每股收益 EPS、资产收益率 ROA、托宾 Q 值、持股比例 INVH、公司规模 SIZE 等变量上的均值（中位数）都显著大于交易型机构投资者，这充分说明不同性质的机构投资者之间存在显著差异，有力地支持了我们按照机构投资者的不同性质进行研究的意图。

### 7.4.2 相关性分析

为了检验机构投资者持股、机构投资者异质性对企业绩效的影响，本章首先进行了单变量之间的相关性分析，表 7-4 报告了相关变量之间的相关性分析。INVH、INVW 与 EPS、ROA 显著正相关，说明了机构投资者持股比例越高，企业绩效越好；与交易型机构投资者相比，稳定型机构投资者对企业绩效的影响更加显著。其他变量之间的相关系数都在 0.5 以下，说明不存在严重的多重共线性。单变量检验已经验证了 H1a 与 H2，但为了控制其他因素的影响，下文进行多元回归分析。

表 7-4　　　　　　pearson（spearman）相关系数

| | EPS | ROA | Tobin's Q | INVH | INVW | LEV | SIZE | MB | SOE |
|---|---|---|---|---|---|---|---|---|---|
| EPS | 1 | 0.861*** | -0.037*** | 0.262*** | 0.167*** | -0.144*** | 0.416*** | 0.034*** | 0.041*** |
| ROA | 0.769*** | 1 | 0.187*** | 0.223*** | 0.140*** | -0.342*** | 0.151*** | 0.161*** | -0.075*** |
| Tobin's Q | -0.002 | 0.101*** | 1 | 0.092*** | 0.040** | -0.270*** | -0.537*** | 0.682*** | -0.210*** |
| INVH | 0.166*** | 0.129*** | 0.027** | 1 | 0.575*** | -0.064*** | 0.081*** | 0.144*** | 0.030** |
| INVW | 0.154*** | 0.010 | 0.010 | 0.508*** | 1 | -0.054*** | 0.101*** | 0.032*** | 0.032*** |
| LEV | -0.184*** | -0.309*** | 0.069*** | -0.063*** | -0.067*** | 1 | 0.240*** | -0.030** | 0.088*** |
| SIZE | 0.351*** | 0.150*** | -0.505*** | 0.018*** | 0.110*** | 0.013 | 1 | 0.240*** | -0.030** |
| MB | -0.002 | 0.049*** | 0.401*** | 0.055*** | -0.008 | -0.096*** | -0.210*** | 1 | -0.095*** |
| SOE | 0.026*** | -0.061*** | -0.202*** | 0.033*** | 0.032*** | -0.003 | 0.304*** | -0.048*** | 1 |

注：左下角（右上角）为 pearson（spearman）相关系数，***、**、* 分别表示在 1%、5% 和 10% 水平上显著。

## 7.4.3 实证检验结果分析

表 7-5 报告了假设 1 和假设 2 的检验结果。表 7-5 的第（1）、第（2）、第（3）列，报告了假设 1 的检验结果，从中可以发现机构投资者持股比例 INVH 与每股收益 EPS、资产收益率 ROA、托宾 Q 之间正相关，且都在 1% 的水平上显著，这说明了机构投资者持股比例越高，对企业的监督作用越明显，企业绩效越好，支持了有效监督假说，$H1a$ 得到验证。在控制变量方面，当企业绩效的代理变量为每股收益 EPS、资产收益率 ROA 时，LEV 的系数为负，且在 1% 的水平上显著，说明了企业资产负债率越高，企业绩效越差；企业规模 SIZE 的系数为正，且在 1% 的水平上显著，说明了公司规模越大，越能够发挥规模效应，企业绩效越好；公司成长性 MB 的系数为正，且在 1% 的水平上显著，说明了公司成长机会越好，该公司的绩效越好；终极控制人性质 SOE 的系数为负，且在 1% 的水平上显著，说明了国有企业的绩效没有非国有企业的绩效好。当公司绩效的代理变量为 Tobin's Q 时，MB 的系数为正、SOE 的系数为负，且都在 1% 的水平上显著，与第（1）、第（2）列得出的结论一致；SIZE 的系数为负、LEV 的系数为正，且都在 1% 的水平上显著。

表 7-5　　机构投资者、机构投资者异质性与企业绩效

| 变量 | 机构投资者与企业绩效 | | | 机构投资者异质性与企业绩效 | | |
| --- | --- | --- | --- | --- | --- | --- |
| | 因变量 EPS (1) | 因变量 ROA (2) | 因变量 Tobin's Q (3) | 因变量 EPS (4) | 因变量 ROA (5) | 因变量 Tobin's Q (6) |
| 截距项 | -2.442*** (-24.28) | -0.143*** (-8.30) | 13.383*** (43.53) | -2.388*** (-23.53) | -0.136*** (-7.87) | 13.508*** (43.94) |
| INVH | 0.389*** (14.02) | 0.046*** (9.61) | 0.528*** (6.22) | | | |
| INVW | | | | 0.098*** (9.81) | 0.012*** (7.28) | 0.230*** (7.62) |
| LEV | -0.282*** (-15.71) | -0.080*** (-25.84) | 0.665*** (12.10) | -0.288*** (-15.88) | -0.080*** (-25.92) | 0.670 (12.21) |

续表

| 变量 | 机构投资者与企业绩效 | | | 机构投资者异质性与企业绩效 | | |
| --- | --- | --- | --- | --- | --- | --- |
| | 因变量 EPS (1) | 因变量 ROA (2) | 因变量 Tobin's Q (3) | 因变量 EPS (4) | 因变量 ROA (5) | 因变量 Tobin's Q (6) |
| SIZE | 0.130*** (30.40) | 0.010*** (14.30) | -0.558*** (-42.75) | 0.128*** (29.52) | 0.010*** (13.78) | -0.566 (-43.17) |
| MB | 0.002** (2.03) | 0.0003** (2.19) | 0.073*** (27.63) | 0.002** (2.41) | 0.0004** (2.45) | 0.073 (27.83) |
| SOE | -0.083*** (-7.57) | -0.019*** (-10.37) | -0.192*** (-5.73) | -0.082*** (-7.39) | -0.019*** (-10.26) | -0.190 (-5.68) |
| 年度效应 | 已控制 | 已控制 | 已控制 | 已控制 | 已控制 | 已控制 |
| 行业效应 | 已控制 | 已控制 | 已控制 | 已控制 | 已控制 | 已控制 |
| Obs | 6723 | 6723 | 6723 | 6723 | 6723 | 6723 |
| F 统计量 | 97.67*** | 67.50*** | 244.94*** | 91.61*** | 65.25*** | 246.56*** |
| Adj $R^2$ | 0.232 | 0.172 | 0.433 | 0.221 | 0.167 | 0.434 |

注：括号内为 t 值，***、**、* 分别表示在1%、5%和10%水平上显著。

表7-5 的第（4）、第（5）、第（6）列，报告了假设2的检验结果，我们可以发现机构投资者异质性标识变量 INVW 与每股收益 EPS、资产收益率 ROA、托宾 Q 之间正相关，且都在1%的水平上显著，这说明了与交易型机构投资者相比，稳定型机构投资者更能积极发挥监督作用，对企业绩效的影响更加显著，支持了假设2。在控制变量方面，得出的结论与第（1）、第（2）、第（3）列得出的结论一致。

## 7.5 稳健性检验

1. 借鉴 Elyasiani 等（2010）的做法，拉长时间窗口来考察机构投资者的稳定性，即用公司机构投资者当年持股比例除以其前五年的机构投资者持股比例的标准差作为从时间维度度量机构投资者稳定性的指标，行业维度不变，然后采用模型（7-2）、模型（7-3）进行回归，回归结果如表

7-6所示。表7-6的中回归结果与表7-5得出的结论一致,H1a、H2再次得到验证。

**表7-6　　机构投资者、机构投资者异质性与企业绩效**

**(考虑5年持股比例变化)**

| 变量 | 机构投资者与企业绩效 | | | 机构投资者异质性与企业绩效 | | |
|---|---|---|---|---|---|---|
| | 因变量 EPS (1) | 因变量 ROA (2) | 因变量 Tobin's Q (3) | 因变量 EPS (4) | 因变量 ROA (5) | 因变量 Tobin's Q (6) |
| 截距项 | -2.483*** (-23.31) | -0.155*** (-8.15) | 14.648*** (41.86) | -2.442*** (-22.76) | -0.150*** (-7.85) | 14.714*** (42.01) |
| INVH | 0.377*** (13.15) | 0.045*** (8.72) | 0.513*** (5.44) | | | |
| INVW | | | | 0.099*** (9.51) | 0.013*** (6.91) | 0.164*** (4.83) |
| LEV | -0.206*** (-12.21) | -0.069*** (-22.93) | 0.959*** (17.27) | -0.214*** (-12.61) | -0.070*** (-23.20) | 0.950*** (17.13) |
| SIZE | 0.129*** (29.22) | 0.011*** (13.61) | -0.614*** (-42.23) | 0.128*** (28.56) | 0.011*** (13.24) | -0.617*** (-42.29) |
| MB | 0.001 (1.42) | 0.0002* (1.71) | 0.062*** (23.53) | 0.001* (1.74) | 0.0003* (1.92) | 0.062*** (23.66) |
| SOE | -0.082*** (-7.04) | -0.019*** (-9.27) | -0.226*** (-5.93) | -0.079*** (-6.74) | -0.019*** (-9.08) | -0.222*** (-5.82) |
| 年度效应 | 已控制 | 已控制 | 已控制 | 已控制 | 已控制 | 已控制 |
| 行业效应 | 已控制 | 已控制 | 已控制 | 已控制 | 已控制 | 已控制 |
| Obs | 6156 | 6156 | 6156 | 6156 | 6156 | 6156 |
| F统计量 | 85.36*** | 57.25*** | 223.74*** | 80.42*** | 55.66*** | 223.21*** |
| Adj $R^2$ | 0.224 | 0.161 | 0.432 | 0.213 | 0.157 | 0.431 |

注:括号内为t值,***、**、*分别表示在1%、5%和10%水平上显著。

2. 以基金公司作为机构投资者的代理变量,即用公司基金投资者当年持股比例除以其前三年的基金投资者持股比例的标准差作为从时间维度度量机构投资者稳定性的指标,用于代替模型(7-2)、模型(7-3)的 INVH、INVW 进行回归,回归结果如表7-7所示。表7-7的中回归结果与

表 7-5 得出的结论一致，H1a、H2 再次得到验证。

表 7-7　机构投资者、机构投资者异质性与企业绩效
（基金作为机构投资者的代理变量）

| 变量 | 机构投资者与企业绩效 | | | 机构投资者异质性与企业绩效 | | |
| --- | --- | --- | --- | --- | --- | --- |
| | 因变量 EPS (1) | 因变量 ROA (2) | 因变量 Tobin's Q (3) | 因变量 EPS (4) | 因变量 ROA (5) | 因变量 Tobin's Q (6) |
| 截距项 | -1.937*** (-17.04) | -0.111*** (-6.63) | 9.166*** (39.65) | -2.720*** (-23.25) | -0.199*** (-11.83) | 8.055*** (34.80) |
| INVH | 1.859*** (30.87) | 0.220*** (24.82) | 2.966*** (24.21) | | | |
| INVW | | | | 0.152*** (13.66) | 0.020*** (12.41) | 0.301*** (13.70) |
| LEV | -0.445*** (-17.89) | -0.116*** (-31.66) | -0.659*** (-13.03) | -0.515*** (-19.52) | -0.123*** (-32.49) | -0.746*** (-14.29) |
| SIZE | 0.108*** (21.37) | 0.009*** (12.34) | -0.351*** (-34.31) | 0.141*** (26.79) | 0.013*** (16.91) | -0.307*** (-29.54) |
| MB | 0.004** (2.53) | 0.002*** (7.56) | 0.126*** (41.42) | 0.013*** (8.02) | 0.003*** (11.86) | 0.139*** (45.11) |
| SOE | -0.051*** (-4.62) | -0.015*** (-8.92) | -0.108*** (-4.80) | -0.070*** (-5.95) | -0.017*** (-9.87) | -0.135*** (-5.81) |
| 年度效应 | 已控制 | 已控制 | 已控制 | 已控制 | 已控制 | 已控制 |
| 行业效应 | 已控制 | 已控制 | 已控制 | 已控制 | 已控制 | 已控制 |
| Obs | 5939 | 5939 | 5939 | 5939 | 5939 | 5939 |
| F 统计量 | 148.47*** | 130.93*** | 366.09*** | 100.50*** | 101.75*** | 326.41*** |
| Adj $R^2$ | 0.343 | 0.315 | 0.564 | 0.260 | 0.263 | 0.535 |

注：括号内为 t 值，***、**、* 分别表示在 1%、5% 和 10% 水平上显著。

3. 考虑到潜在的内生性问题，采用滞后一期的投资者持股比例、机构投资者稳定性虚拟变量来检验它们对企业绩效的影响，回归结果如表 7-8 所示。表 7-8 中的回归结果与表 7-5 得出的一致，H1a、H2 再次得到验证。

表7-8 机构投资者、机构投资者异质性与企业绩效
（自变量滞后一期）

| 变量 | 机构投资者与企业绩效 | | | 机构投资者异质性与企业绩效 | | |
|---|---|---|---|---|---|---|
| | 因变量 $EPS$ (1) | 因变量 $ROA$ (2) | 因变量 $Tobin's\ Q$ (3) | 因变量 $EPS$ (4) | 因变量 $ROA$ (5) | 因变量 $Tobin's\ Q$ (6) |
| 截距项 | -2.432*** (-20.90) | -0.145*** (-7.43) | 13.841*** (39.25) | -2.373*** (-20.20) | -0.139*** (-7.10) | 13.972*** (39.55) |
| LAGINVH | 0.340*** (10.72) | 0.036*** (6.76) | 0.462*** (4.81) | | | |
| LAGINVW | | | | 0.072*** (6.22) | 0.007*** (3.61) | 0.176*** (5.06) |
| LEV | -0.311*** (-14.83) | -0.088*** (-24.95) | 0.615*** (9.68) | -0.315*** (-14.91) | -0.088*** (-25.00) | 0.619*** (9.73) |
| SIZE | 0.130*** (26.64) | 0.011*** (13.12) | -0.568*** (-38.36) | 0.128*** (25.79) | 0.011*** (12.73) | -0.575*** (-38.57) |
| MB | 0.001 (0.81) | 0.0001 (0.31) | 0.074*** (24.06) | 0.001 (0.88) | 0.0001 (0.36) | 0.075*** (24.08) |
| SOE | -0.082*** (-6.43) | -0.019*** (-8.95) | -0.229*** (-5.94) | -0.080*** (-6.23) | -0.019*** (-8.82) | -0.226*** (-5.87) |
| 年度效应 | 已控制 | 已控制 | 已控制 | 已控制 | 已控制 | 已控制 |
| 行业效应 | 已控制 | 已控制 | 已控制 | 已控制 | 已控制 | 已控制 |
| Obs | 5147 | 5147 | 5147 | 5147 | 5147 | 5147 |
| F 统计量 | 77.96*** | 57.74*** | 211.14*** | 73.10*** | 55.75*** | 211.37*** |
| Adj $R^2$ | 0.230 | 0.181 | 0.450 | 0.219 | 0.176 | 0.450 |

注：括号内为 t 值，***、**、* 分别表示在1%、5%和10%水平上显著。

4. 考虑公司治理对企业绩效的影响。我们借鉴了杨典（2013）、Joh（2003）、Chung 和 Zhang（2011）的研究，进一步地控制了独董比例（DDBL）、董事长与总经理是否兼任（JIANREN）、第一大股东持股比例（TOP）、第一大股东持股比例平方（TOPSQ）等反映公司治理结构的变量，实证结果如表7-9所示，表7-9得出的结论与表7-5相比没有发生本质变化，H1a、H2再次得到验证。

表 7-9　机构投资者、机构投资者异质性与企业绩效
（考虑公司治理状况的影响）

| 变量 | 机构投资者与企业绩效 | | | 机构投资者异质性与企业绩效 | | |
| --- | --- | --- | --- | --- | --- | --- |
| | 因变量 EPS (1) | 因变量 ROA (2) | 因变量 Tobin's Q (3) | 因变量 EPS (4) | 因变量 ROA (5) | 因变量 Tobin's Q (6) |
| 截距项 | -2.280*** (-20.02) | -0.117*** (-6.14) | 13.405*** (38.69) | -2.235*** (-19.43) | -0.111*** (-5.77) | 13.539*** (39.02) |
| INVH | 0.399*** (14.30) | 0.048*** (10.26) | 0.569*** (6.71) | | | |
| INVW | | | | 0.103*** (10.27) | 0.014*** (8.16) | 0.230*** (7.60) |
| LEV | -0.277*** (-15.29) | -0.080*** (-26.29) | 0.692*** (12.54) | -0.282*** (-15.41) | -0.080*** (-26.32) | 0.697*** (12.64) |
| SIZE | 0.124*** (27.75) | 0.009*** (12.15) | -0.557 (-40.93) | 0.122*** (26.86) | 0.009*** (11.58) | -0.565*** (-41.28) |
| MB | 0.002** (2.11) | 0.0003* (1.87) | 0.082*** (28.58) | 0.002*** (2.60) | 0.0004** (2.23) | 0.082*** (28.84) |
| SOE | -0.089*** (-7.93) | -0.021*** (-11.06) | -0.145 (-4.26) | -0.088*** (-7.82) | -0.021*** (-11.00) | -0.146*** (-4.28) |
| DDBL | -0.220** (-2.21) | -0.005 (-0.31) | 1.506*** (4.99) | -0.245** (-2.45) | -0.008 (-0.51) | 1.455*** (4.82) |
| JIANREN | 0.027* (1.89) | 0.001 (0.24) | 0.003 (0.06) | 0.028*** (1.98) | 0.001 (0.29) | 0.002 (0.05) |
| TOP | 0.098 (0.65) | 0.006 (0.25) | -4.141*** (-8.93) | 0.210 (1.37) | 0.020 (0.77) | -3.986*** (-8.61) |
| TOPSQ | 0.138 (0.72) | 0.050 (1.56) | 4.954*** (8.49) | 0.005 (0.03) | 0.035 (1.08) | 4.804*** (8.26) |
| 年度效应 | 已控制 | 已控制 | 已控制 | 已控制 | 已控制 | 已控制 |
| 行业效应 | 已控制 | 已控制 | 已控制 | 已控制 | 已控制 | 已控制 |
| Obs | 6625 | 6625 | 6625 | 6625 | 6625 | 6625 |
| F 统计量 | 82.98*** | 61.59*** | 213.82*** | 77.94*** | 59.71*** | 214.74*** |
| Adj $R^2$ | 0.236 | 0.186 | 0.445 | 0.225 | 0.181 | 0.447 |

注：括号内为 t 值，***、**、* 分别表示在 1%、5% 和 10% 水平上显著。

## 7.6　研究结论与启示

本章在第 5 章、第 6 章研究结论的基础上，选取了 2007—2012 年沪深两市 A 股上市公司作为研究样本，进一步从企业绩效视角考察了机构投资者的监督效应，并考察了稳定型机构投资者与交易型机构投资者这两类不同性质的机构投资者对企业绩效的影响。本章研究发现：（1）机构投资者持股比例与企业绩效显著正相关，支持了机构投资者的有效监督假说。（2）与交易型机构投资者相比，稳定型机构投资者对企业绩效的影响更加显著。

本章的研究发现具有重要的理论与现实意义：第一，本章的研究结论表明，机构投资者发挥了有效监督效应，为第 5 章、第 6 章的研究结论提供了进一步的证据。第二，本章从企业绩效的视角检验了不同性质的机构投资者的公司治理效应，研究发现稳定型机构投资者是能够提升企业绩效的一个重要变量，从而丰富和深化了企业绩效的影响因素以及机构投资者公司治理效应领域的研究。第三，本章发现不同性质的机构投资者在资本市场中扮演的角色不同，与交易型机构投资者相比，稳定型机构投资者对企业绩效的影响更加显著，因此国家监管部门与政策制定部门应该大力宣传、鼓励机构投资者注重对企业进行长期投资，关注公司日常经营和盈利状况，对其投资的上市公司进行有效的监督，有效降低代理冲突和信息风险以保护自身以及广大中小股东的利益，争取成为稳定型机构投资者，为健全和完善我国资本市场的发展而充分发挥生力军作用。

# 第 8 章

# 研究结论、政策建议与未来研究方向

# 第 8 章 研究结论、政策建议与未来研究方向

本章主要对前述章节的研究内容进行全面总结。具体结构安排如下：第一部分主要对本书的理论分析与实证分析的主要研究结论进行归纳；第二部分主要以本书实证分析部分所得出的主要研究结论——不同性质的机构投资者对会计稳健性及其经济后果的影响存在显著的差异，提出促进机构投资者健康发展以及合理确定会计稳健性水平以提高公司投资效率的政策建议；第三部分指出本书研究过程中存在的局限性与不足；第四部分提出未来的研究方向。

## 8.1 研究结论

本书在对会计稳健性的产生原因、影响因素、度量方法、经济后果以及机构投资者的分类、机构投资者的公司治理效应、机构投资者与会计稳健性之间关系等领域的文献进行全面回顾的基础上，深入考察了机构投资者持股、机构投资者异质性对会计稳健性的影响，同时本书还从股权融资成本与投资效率等两个视角考察了不同性质的机构投资者对会计稳健性经济后果的影响。

本书得出的主要研究结论如下：

第一，本书借鉴了 Elyasiani 和 Jia（2010）、牛建波等（2013）、李争光等（2014、2015）的研究，将机构投资者按照其投资期限与持股动机的不同划分为稳定型与交易型机构投资者，采用 Givoly 和 Hyan（2000）的累计三年的非经营性应计利润的负数作为公司会计稳健性水平的代理变量，以我国 2007—2012 年的 A 股上市公司为研究样本，从机构投资者异质性视角考察了机构投资者对会计稳健性的影响。主要研究结论为：

（1）机构投资者整体持股比例越高，会计稳健性水平越高。这一研究结论证实了我国的机构投资者需要会计稳健性，为机构投资者需要会计稳健性提供了新兴市场国家的经验证据。已有文献研究表明，一方面，与个人投资者相比，机构投资者具有信息优势、专业优势、人才优势以及资金

优势,如果稳健的财务报告能够提供治理利益,那么机构投资者更有可能理解和评估这种治理收益,因此,从这个角度讲,机构投资者更需要从企业管理层那里获得稳健的财务报告(Ramalingegowda 和 Yu,2012);另一方面,由于机构投资者可能更有优势获得有关公司管理的内部信息(Carleton 等,1998),他们也许会更多地依赖直接监督,而较少地通过会计数据来对公司管理层的行为进行监督(Holmstrom,1979;Ke 等,1999;Prendergast,2002),从这个角度来说,机构投资者并不需要会计稳健性。那么究竟机构投资者是否需要会计稳健性是需要进一步探索的问题,本书的研究结论证实了机构投资者作为公司的一类重要股东需要会计稳健性。

(2)与交易型机构投资者相比,稳定型机构投资者对会计稳健性的影响更加显著。本书接受了并不是所有的机构投资者都是同质的观点,借鉴已有的研究(Elyasiani 和 Jia,2010;牛建波等,2013;李争光等,2014、2015),将机构投资者按照其投资期限与持股动机的不同划分为稳定型与交易型机构投资者。借鉴 Elyasiani 和 Jia(2010)对机构投资者稳定性的度量模型,本书对机构投资者异质性的度量步骤如下:首先,从时间维度对机构投资者稳定性进行度量。即运用公司本年的机构投资者持股比例除以其机构投资者持股比例前三年的标准差,从时间维度度量机构投资者的持股动机。在机构投资者持股比例一定的情况下,若该公司过去三年机构投资者持股比例标准差越小,则表明该公司的机构投资者持股比例变动越小,机构投资者的稳定性越强,反映了机构投资者持有该企业的股票时间长,注重对企业绩效和盈利情况的关注。反之,若该公司过去三年机构投资者持股比例的标准差越大,则表明该公司机构投资者的持股比例波动越大,机构投资者的稳定性越差,有可能是机构投资者根据公司股价波动情况进行投机性交易的结果。其次,从行业维度来度量机构投资者稳定性。即当公司本年的机构投资者持股比例除以其前三年机构投资者持股比例的标准差所得到的数值大于(含等于)其年度、行业的中位数时,则认定该公司的机构投资者为稳定型机构投资者;反之,则认定该公司的机构投资者为交易型机构投资者。在此基础上,考察了机构投资者异质性对会计稳健性的影响,研究发现:与交易型机构投资者相比,稳定型机构投资者对会计稳健性的影响更加显著,这表明了稳定型机构投资者更加重视通过稳健的财务报告对被投资公司实施有效监督。

第二,本书在将机构投资者划分为交易型机构投资者与稳定型机构投资者的基础上,选取了2007—2012年沪深两市A股上市公司作为研究样本,采用Givoly和Hayn(2006)的累计三年的非经营性应计利润的负数作为会计稳健性水平的代理变量,采用资本资产定价模型(CAPM)计算公司的股权融资成本;考察了机构投资者异质性对会计稳健性与股权融资成本之间关系的影响。由于考察机构投资者异质性对会计稳健性与股权融资成本之间关系影响的前提是会计稳健性能够对股权融资成本产生影响,虽然学术界已经对会计稳健性与股权融资成本之间的关系进行了大量的研究,但是本书仍然在考察机构投资者异质性对会计稳健性与股权融资成本之间关系的影响前,考察了会计稳健性对股权融资成本的影响。主要研究结论如下:

(1)为学术界已有的会计稳健性与股权融资成本之间负相关的观点提供了新的经验证据。由于考察机构投资者异质性对会计稳健性与股权融资成本之间关系影响的前提是会计稳健性能够对股权融资成本产生影响,虽然学术界已经对会计稳健性与股权融资成本之间的关系进行了大量的研究,但是本书仍然在考察机构投资者异质性对这两者之间关系的影响前,考察了会计稳健性对股权融资成本的影响,研究发现会计稳健性与股权融资成本负相关,这一研究结果与Guay和Verrecchia(2007)、Suijs(2008)、Lambert等(2007,2012)、Li(2009)、Lara等(2011)等的研究结论一致。会计稳健性与股权融资成本之间负相关的结论证实了会计稳健性作为一项公司治理机制,由于其对好消息与坏消息的非对称确认,能够通过降低公司管理层与外部股东之间的信息不对称程度,增加了市场参与者评估公司未来现金流量的准确性,降低了公司的股权资本成本,从而发挥公司治理机制的作用。

(2)与交易型机构投资者相比,稳定型机构投资者显著强化了会计稳健性与股权融资成本之间的负相关关系。这一研究结论表明与交易型机构投资者相比,稳定型机构投资者是监督型机构投资者,如果稳健的财务报告能够提供治理收益,那么稳定型机构投资者一定能够评估出这种治理收益，因此，从理论上讲，与交易型机构投资者相比，稳定型机构投资者对会计稳健性的正向影响更加显著。本书第 4 章的研究发现也已经证实与交易型机构投资者相比，稳定型机构投资者对会计稳健性的影响更加显著。学术界已经证实会计稳健性与公司股权融资成本之间存在负相关关系。由于稳定型机构投资者更加重视通过稳健的财务报告对被投资公司实施有效监督，所以稳定型机构投资者能够强化会计稳健性与股权融资成本之间的负相关关系。

第三，本书在将机构投资者按其投资期限与持股动机的不同划分为交易型与稳定型机构投资者的基础上，以我国 2007—2012 年的 A 股上市公司为研究对象，采用 Richardson（2006）模型从过度投资与投资不足两个角度度量投资效率，采用 Givoly 和 Hayn（2006）的累计三年非经营性应计利润的负数作为公司会计稳健性水平的代理变量，运用多元回归分析考察了机构投资者异质性对会计稳健性与投资效率之间的关系的影响。由于考察机构投资者异质性对会计稳健性与投资效率之间关系影响的前提是会计稳健性能够对投资效率产生影响，虽然学术界已经对会计稳健性与投资效率之间的关系进行了大量的研究，但是本书仍然在考察机构投资者异质性对会计稳健性与投资效率之间关系的影响前，考察了会计稳健性对投资效率的影响。主要研究结论如下：

（1）为学术界已有的会计稳健性与过度投资之间负相关的观点提供了新的经验证据。由于考察机构投资者异质性对会计稳健性与过度投资之间关系影响的前提是会计稳健性能够对过度投资产生影响，虽然学术界已经对会计稳健性与过度投资之间的关系进行了大量的研究，但是本书仍然在考察机构投资者异质性对这两者之间关系的影响前，考察了会计稳健性对过度投资的影响，研究发现会计稳健性与过度投资之间负相关，这一研究结果与 Ball（2001）、Ball 和 Shivakumar（2005）等的研究结论一致。会计稳健性与过度投资之间负相关的结论证实了会计稳健性作为一项公司治理机制，具有将未来投资的损失在本期盈余中进行加速确认的特征，这将使得公司管理层放弃投资于净现值为负的项目，从而抑制公司过度投资行为的发生。

（2）与交易型机构投资者相比，稳定型机构投资者显著强化了会计稳健性与过度投资之间的负相关关系。这一研究结论再一次证实了稳定型机构投资者作为公司的长期型、监督型、价值型机构投资者能够注重对其所投资公司管理层日常经营行为的监督,需要会计稳健性,从而强化了会计稳健性这一公司治理机制对过度投资的抑制作用。

(3) 为学术界已有的会计稳健性与投资不足之间正相关的观点提供了新的经验证据。由于考察机构投资者异质性对会计稳健性与投资不足之间关系影响的前提是会计稳健性能够对投资不足产生影响,虽然学术界已经对会计稳健性与投资不足之间的关系进行了大量的研究,但是本书仍然在考察机构投资者异质性对这两者之间关系的影响前,考察了会计稳健性对投资不足的影响,研究发现会计稳健性与投资不足之间正相关,这一研究结果与 Leuz (2001)、Watts (2003)、Guay 和 Vierrecchia (2006)、Roy-chowdhury (2010) 等得出的研究结论一致。会计稳健性与投资不足之间正相关的结论证实了会计稳健性作为一项公司治理机制,具有对损失进行及时确认,对收益进行延期确认的特征,这一特征将会使具有风险的投资项目在未来产生的损失在公司本期的盈余中得到及时确认,公司管理层出于声誉和薪酬的考虑可能会放弃净现值为正的投资项目,从而导致投资不足现象的产生。

(4) 与交易型机构投资者相比,稳定型机构投资者缓解了会计稳健性与投资不足之间的正相关关系。这一研究结论也再一次证实了稳定型机构投资者作为公司的长期型、监督型、价值型机构投资者,对其投资公司管理层的监督积极性更高,对被投资公司能够产生正面的治理效应,从而促使被投资公司企业绩效的提升。企业绩效越好,企业的现金净流量就可能越多,企业发生融资约束的可能性越小。从这个角度来说,与交易型机构投资者相比,稳定型机构投资者缓解了会计稳健性对投资不足带来的负面影响。

第四,本书在第 5 章、第 6 章研究结论的基础上,选取了 2007—2012 年沪深两市 A 股上市公司作为研究样本,进一步从企业绩效视角考察了机构投资者的监督效应,并考察了稳定型机构投资者与交易型机构投资者这两类不同性质的机构投资者对企业绩效的影响,进而为机构投资者异质性对会计稳健性与股权融资成本、投资效率之间关系的影响提供进一步的证据。主要研究结论如下：

（1）机构投资者持股比例与企业绩效显著正相关，支持了机构投资者的有效监督假说。

（2）与交易型机构投资者相比，稳定型机构投资者对企业绩效的影响更加显著。这一研究结论表明，与交易型机构投资者相比，稳定型机构投资者能够降低股权融资成本和提高投资效率，从而促进企业绩效提升，为稳定型机构投资者发挥有效监督效应提供了进一步的经验证据。

综上所述，本书实证检验了机构投资者异质性对会计稳健性以及会计稳健性与股权融资成本、会计稳健性与投资效率之间关系的影响，证实了与交易型机构投资者相比，稳定型机构投资者是公司的有效监督者，其能够强化会计稳健性与股权融资成本、会计稳健性与过度投资之间的负相关关系，能够缓解会计稳健性与投资不足之间的正相关关系，从而发挥了积极的监督作用。同时，本书可能也找到了利用会计稳健性来保护投资者利益不受损害的一些实现途径。

## 8.2　政策建议

本书的实证检验结果表明，机构投资者需要会计稳健性，并且与交易型机构投资者相比，稳定型机构投资者对会计稳健性的影响更加显著；除此之外，与交易型机构投资者相比，稳定型机构投资者还强化了会计稳健性与股权融资成本、会计稳健性与过度投资之间的负相关关系，缓解了会计稳健性与投资不足之间的正相关关系，这表明与交易型机构投资者相比，稳定型机构投资者作为有效的监督者，能够完善被投资公司的治理结构，提升被投资公司的绩效。为此，本书提出如下政策建议：

（1）提高机构投资者对我国沪深两市 A 股上市公司的持股比例，促进上市公司会计信息质量的提升。本书的经验证据表明，机构投资者持股比例越高，公司的会计稳健性水平越高，即机构投资者持股与会计稳健性正相关，机构投资者需要会计稳健性这一公司治理机制保护自身利益不受侵犯。由此可见，大力发展机构投资者，对于确保资本市场的信息质量具有重要作用。本书认为要想提高机构投资者对我国A股上市公司的持股比例，证监会应该围绕国务院提出的关于壮大专业机构投资者队伍的具体要求，切实做好以下几项工作：第一，立足于整个资本市场，从完善和拓展金融市场的功能角度出发，制定与颁布有利于机构投资者发展的法律与制度，注重市场机制对机构投资者发展的引导作用，为机构投资者的生存与健康发展提供良好的生态环境与制度保障。第二，树立各类机构投资者均衡发展的理念，而不是专门发展壮大某一类机构投资者，放宽机构投资者的市场准入门槛，促进各类机构投资者的结构均衡合理，以发挥机构投资者积极的公司治理效应。第三，鼓励基本养老金、住房公积金进入资本市场进行投资，发挥基金行业在养老金市场化改革中的作用，通过基金管理公司这一主体，在确保风险可控的前提下，推动养老金通过资本市场进行投资。

（2）提高机构投资者队伍中的稳定型机构投资者的比例，促进稳定型机构投资者通过会计稳健性这一公司治理机制实现对其投资公司的有效监督。本书的研究结果表明，与交易型机构投资者相比，稳定型机构投资者对会计稳健性及其经济后果的正面效应的影响更加显著，这一结论给政府监管部门的启示是在大力发展机构投资者，提高机构投资者对我国沪深两市A股上市公司的持股比例的同时，应重点发展投资期限长、持股比例波动小的机构投资者或者引导机构投资者成为注重对其所投资公司进行长期投资，积极监督公司管理层日常经营行为的投资者。引导机构投资者成为稳定型机构投资者的主要措施如下：第一，大力发展社保基金、养老基金等机构投资者。国内外的大量研究已经表明养老基金、社保基金实行着与证券投资基金不一样的管理办法，不会像证券投资基金一样参加基金排名，从而受到业绩排名的影响，故社保基金、养老基金等机构投资者更加注重价值投资，一般对其投资公司的持有期限较长，主要从其所投资公司的年末分红中获得收益，而不是依靠从股票价格的频繁波动中进行交易而获取收益。第二，大力发展合格的境外机构投资者（QFII）。已有文献研究表明，合格的境外机构投资者（QFII）注重价值投资，对其所投资公司具有长期的行为（温军和冯根福，2012；孙立和林丽，2006）。

## 8.3 研究局限

（1）本书以公司机构投资者的整体持股比例为基础来划分交易型机构投资者与稳定型机构投资者，这个分类标准不够细，没有按照投资基金、养老基金、保险公司、证券公司等机构投资者的投资期限和持股动机的不同而划分为交易型与稳定型机构投资者，因此这种分类方法存在一定的缺陷。

（2）本书除了按照交易型与稳定型机构投资者来度量机构投资者的异质性外，并没有找到度量机构投资者异质性的更好的方法。

（3）本书考察了机构投资者异质性对会计稳健性与股权融资成本、会计稳健性与投资效率之间关系的影响，虽然在一定程度上检验了机构投资者异质性对会计稳健性经济后果的影响，但尚未涵盖会计稳健性经济后果领域所涉及的各个研究主题。

（4）从理论上说，机构投资者持股与会计稳健性之间可能会存在相互因果关系，从而导致内生性问题的存在。本书虽然在实证分析过程中采用了股票换手率作为工具变量进行了克服，但对本书实证分析过程中所得到的研究结论仍需保持应有的谨慎。

以上的研究局限和不足有待在后续的研究中加以改进。

## 8.4 未来的研究方向

关于机构投资者异质性对会计稳健性及其经济后果的影响的研究，本书认为未来值得研究的方向如下：

（1）机构投资者异质性的公司治理效应研究，包括机构投资者异质性对盈余管理、高管薪酬、研发投资、CEO变更的影响等。本书的经验证据已经表明，与交易型机构投资者相比，稳定型机构投资者对会计稳健性的影响更加显著；稳定型机构投资者对会计稳健性与股权融资成本、会计稳健性与过度投资、会计稳健性与投资不足之间的关系具有调节作用。因此，与交易型机构投资者相比，稳定型机构投资者能够显著抑制公司的盈余管理行为吗？稳定型机构投资者能够抑制过高的高管薪酬吗？稳定型机构投资者能够缩小高管的薪酬差距吗？稳定型机构投资者能够提高高管薪酬的业绩敏感性吗？稳定型机构投资者能否发挥有效的监督作用，能否利用其手中的投票权，影响其投资公司CEO的变更呢？稳定型机构投资者能否促使其投资公司的管理层注重长期效益，更多地进行研发投资呢？

（2）深化机构投资者异质性对会计稳健性经济后果领域的影响研究，包括机构投资者异质性对会计稳健性与债务融资成本、融资效率、诉讼风险之间关系的影响等。与交易型机构投资者相比，稳定型机构投资者能够强化会计稳健性与债务资本成本之间的负相关关系吗？稳定型机构投资者能够强化会计稳健性与融资效率之间的正相关关系吗？稳定型机构投资者能够强化会计稳健性与诉讼风险之间的负相关关系吗？

（3）关于机构投资者的分类方法研究。目前，关于机构投资者类型的划分标准主要包括六种：压力非敏感型机构投资者和压力敏感型机构投资者；短线型机构投资者、准指数型机构投资者和长线型机构投资者；潜在的积极机构投资者和潜在的消极机构投资者；监督型机构投资者和短期型机构投资者；公司治理敏感型机构投资者和公司治理不敏感型机构投资者；交易型机构投资者和稳定型机构投资者。那么究竟哪种分类方法能够合理地捕捉机构投资者的异质性，是否还有其他更加科学合理的分类方法都是未来值得研究的问题。

# 参考文献

[1] 曹宇,李琳,孙铮. 2005. 公司控制权对会计盈余稳健性影响的实证研究. *经济管理*(14): 34-42.

[2] 陈少华,黄世忠,陈光,陈箭深. 2006. 实证会计理论(瓦茨,齐默尔曼著). *东北财经大学出版社*.

[3] 陈艳艳,谭燕,谭劲松. 2013. 政治联系与会计稳健性. *南开管理评论*(1): 33-40.

[4] 陈运森,谢德仁. 2011. 网络位置、独立董事治理与投资效率. *管理世界*(7): 113-127.

[5] 董红星. 2009. 大股东控制与会计稳健性——来自中国 A 股上市公司的实证检验. *山西财经大学学报*(1): 117-124.

[6] 方红星,张志平. 2012. 内部控制质量与会计稳健性——来自深市 A 股公司 2007-2010 年年报的经验证据. *审计与经济研究*(5): 3-10.

[7] 姜付秀,陆正飞. 2006. 多元化与资本成本的关系. *会计研究*(6): 48-55.

[8] 姜付秀,支晓强,张敏. 2008. 投资者利益保护与股权融资成本. *管理世界*(2): 117-125.

[9] 蒋琰. 2009. 权益成本、债务成本与公司治理:影响差异性研究. *管理世界*(11): 144-154.

[10] 李彬. 2009. 机构投资者持股的绩效分析:来自日本上市公司 Panel Data 模型的证据. *经济与管理研究*(2): 82-87.

[11] 李刚,张伟,王艳艳. 2008. 会计盈余质量与权益资本成本关系

的实证分析. *审计与经济研究*(5)：57-62.

[12] 李维安. 2002. 现代公司治理研究. *中国人民大学出版社*.

[13] 李远鹏. 2006. 会计稳健性研究. *复旦大学博士论文*.

[14] 李争光, 赵西卜, 曹丰, 卢晓璇. 2014. 机构投资者异质性与企业绩效——来自中国上市公司的经验证据. *审计与经济研究*(5)：77-87.

[15] 李争光, 赵西卜, 曹丰, 吴青川. 2015. 机构投资者异质性、会计稳健性与投资效率——来自中国上市公司的经验证据. *当代财经*(2)：106-117.

[16] 梁上坤, 赵刚, 董宣君. 2012. 会计稳健性会影响股权再融资行为吗——来自中国上市公司的经验证据. *山西财经大学学报*34（12）：114-124.

[17] 刘永丽. 2014. 管理者团队中垂直对特征影响会计稳健性的实证研究. *南开管理评论*(2)：107-116.

[18] 龙振海. 2010. 机构投资者与公司价值关系研究——来自上市公司要约收购的证据. *南开管理评论*(4)：35-43.

[19] 毛新述. 2009. 中国上市公司盈余稳健性研究. *经济科学出版社*.

[20] 毛新述, 戴德明. 2009. 会计制度改革、盈余稳健性与盈余管理. *会计研究*(12)：38-47.

[21] 牛建波, 吴超, 李胜楠. 2013. 机构投资者类型、股权特征和自愿性信息披露. *管理评论*(3)：48-59.

[22] 石美娟, 童卫华. 2009. 机构投资者提升公司价值吗？——来自后股改时期的经验证据. *金融研究*(10)：150-161.

[23] 沈永建, 梁上坤, 陈冬华. 2013. 职工薪酬与会计稳健性——基于中国上市公司的经验证据. *会计研究*(4)：73-81.

[24] 孙刚. 2010. 控股权性质、会计稳健性与不对称投资效率——基于我国上市公司的再检验. *山西财经大学学报*(5)：74-84.

[25] 孙光国, 赵健宇. 2014. 产权性质差异, 管理层过度自信与会计稳健性. *会计研究*（5）：52-58.

[26] 孙立, 林丽. 2006. QFII投资中国内地证券市场的实证分析. 金

融研究(7): 123 - 133.

[27] 陶晓慧,柳建华. 2010. 会计稳健性、债务期限结构与债权人保护. 山西财经大学学报(4): 93 - 99.

[28] 陶晓慧,柳建华. 2010. 资产替代、会计稳健性与债权人保护. 财经理论与实践（双月刊）(4): 58 - 61.

[29] 王宁. 2011. 会计稳健性影响因素及经济后果研究——基于注册会计师任期、强制轮换和公司投融资效率角度的实证检验. 西南财经大学博士论文.

[30] 王奇波. 2006. 基于股权制衡的我国机构投资者参与公司治理研究. 中国人民大学博士论文.

[31] 王宇峰,苏逶妍. 2008. 会计稳健性与投资效率——来自中国证券市场的经验证据. 财经理论与实践（双月刊）(5): 60 - 65.

[32] 温军,冯根福. 2012. 异质机构、企业性质与自主创新. 经济研究(3): 53 - 64.

[33] 饶品贵,姜国华. 2011. 货币政策波动,银行信贷与会计稳健性. 金融研究(3): 51 - 71.

[34] 杨华军. 2007. 会计稳健性研究述评. 会计研究(1): 82 - 89.

[35] 吴娅玲. 2012. 会计稳健性对公司债权融资效率的影响. 经济管理(10): 139 - 147.

[36] 谢魁星,吴姚东. 2002. 论中国公司治理改革与机构投资者的发展. 经济评论(5): 59 - 65.

[37] 辛清泉,林斌,王彦超. 2007. 政府控制、经理薪酬与资本投资. 经济研究(8): 110 - 112.

[38] 徐虹,林钟高,余婷. 2013. 内部控制有效性,会计稳健性与商业信用模式. 审计与经济研究(3): 65 - 73.

[39] 杨海燕,韦德洪,孙健. 2012. 机构投资者持股能提高上市公司会计信息质量吗？——兼论不同类型机构投资者的差异. 会计研究(9): 16 - 23.

[40] 叶康涛,陆正飞. 2004. 中国上市公司股权融资成本影响因素分

析.管理世界(5):127-142.

[41] 张宏亮.2009.会计稳健性的形成机制及其经济后果：基于契约视角的一项理论分析.*贵州大学学报（社会科学版）*(3):11-15.

[42] 张金鑫,王逸.2013.会计稳健性与公司融资约束——基于两类稳健性视角的研究.*会计研究*(9):44-50.

[43] 张圣利.2012.机构持股、会计稳健性与公司权益资本成本——来自中国证券市场的经验证据.*经济经纬*(5):117-121.

[44] 张兆国,刘永丽,李庚秦.2012.会计稳健性计量方法的比较与选择——基于相关性和可靠性的实证研究.*会计研究*(2):37-41.

[45] 张兆国,刘永丽,谈多娇.2011.管理者背景特征与会计稳健性——来自中国上市公司的经验证据.*会计研究*(7):11-18.

[46] 赵自强,顾丽娟.2012.产品市场竞争、会计稳健性与融资成本——基于中国上市公司的经验证据.*经济与管理研究*(11):49-60.

[47] 朱茶芬,李志文.2008.国家控股对会计稳健性的影响研究.*会计研究*(5):38-45.

[48] 周泽将,杜兴强.2012.税收负担、会计稳健性与薪酬业绩敏感度.*金融研究*(10):167-179.

[49] 杨典.公司治理与企业绩效——基于中国经验的社会学分析.2013.*中国社会科学*(1):72-95.

[50] 刘星,吴先聪.2011.机构投资者异质性、企业产权与公司绩效——基于股权分置改革前后的比较分析.*中国管理科学*(5):182-192.

[51] Aggarwal R, Erel I, Ferreira M. 2011. Does governance travel around the world? Evidence from institutional investors. *Journal of Financial Economics* 100 (1):154-181.

[52] Ahmed A S, Billings B K, Morton R M. 2002. The role of accounting conservatism in mitigating bondholder – shareholder conflicts over dividend policy and in reducing debt costs. *The Accounting Review* 77 (4):867-890.

[53] Ahmed A S, Duellman S. 2007. Accounting conservatism and board of director characteristics: An empirical analysis. *Journal of Accounting and Eco-

nomics 43 (2): 411 –437.

[54] Ahmed A S, Duellman S. 2013. Managerial overconfidence and accounting conservatism. *Journal of Accounting Research* 51 (1): 1 –30.

[55] Almazan A, Hartzell J C, Starks L T. 2005. Active institutional shareholders and costs of monitoring: Evidence from executive compensation. *Financial Management* 34 (4): 5 –34.

[56] Amihud Y, Mendelson H. 1986. Asset pricing and the bid – ask spread. *Journal of Financial Economics* 17: 223 –249.

[57] Ball R. 2001. Infrastructure requirements for an economically efficient system of public financial reporting and disclosure. *Brookings – Wharton papers on financial services* (1): 127 –169.

[58] Ball R, Shivakumar L. 2005. Earnings quality in UK private firms: comparative loss recognition timeliness. *Journal of Accounting and Economics* 39 (1): 83 –128.

[59] Ball R, Shivakumar L. 2006. The role of accruals in asymmetrically timely gain and loss recognition. *Journal of Accounting Research* 44 (2): 207 –242.

[60] Ball R, Robin A, Sadka G. 2008. Is financial reporting shaped by equity markets or by debt markets? An international study of timeliness and conservatism. *Review of Accounting Studies* 3 (2 –3): 168 –205.

[61] Barber B M, Odean T. 2000. Trading is hazardous to your wealth: The common stock investment performance of individual investors. *The Journal of Finance* 55 (2): 773 –806.

[62] Barber B M, Odean T. 2008. All that glitters: The effect of attention and news on the buying behavior of individual and institutional investors. *Review of Financial Studies* 21 (2): 785 –818.

[63] Barber B M, Lee Y T, Liu Y J. 2009. Just how much do individual investors lose by trading? *Review of Financial studies* 22 (2): 609 –632.

[64] Barry C, Brown S. 1985. Differential information and security market

equilibrium. *Journal of Financial and Quantitative Analysis* (12): 407 – 442.

[65] Basu S. 1997. The conservatism principle and the asymmetric timeliness of earnings. *Journal of Accounting and Economics* 24 (1): 3 – 37.

[66] Beatty A, Weber J, Yu J J. 2008. Conservatism and debt. *Journal of Accounting and Economics* 45 (2): 154 – 174.

[67] Beekes W, Pope P, Young S. 2004. The link between earnings timeliness, earnings conservatism and board composition: evidence from the UK. *Corporate Governance: An International Review* 12 (1): 47 – 59.

[68] Berle A A, Means G G C. 1991. The modern corporation and private property. *Transaction Publishers.*

[69] Bliss J H. 1924. Management through accounts. *Ronald Press Company.*

[70] Brancato C, Price M, Chandler W B. 2000. The Institutional Investor's Goals for Corporate Law in the Twenty – First Century. *Delaware Journal of Corporate Law* 25 (1): 35 – 69.

[71] Brickley J A, Lease R C, Smith Jr C W. 1988. Ownership structure and voting on antitakeover amendments. *Journal of Financial Economics* 20: 267 – 291.

[72] Bushman R M, Piotroski J D, Smith A J. 2011. Capital allocation and timely accounting recognition of economic losses. *Journal of Business Finance & Accounting* 38 (1): 1 – 33.

[73] Bushee B J. 1998. The influence of institutional investors on myopic R&D investment behavior. *The Accounting Review* 73 (3): 305 – 333.

[74] Bushee B J, Carter M E, Gerakos J. 2013. Institutional investor preferences for corporate governance mechanisms. *Journal of Management Accounting Research* 26 (2): 123 – 149.

[75] Callen J L, Fang X. 2013. Institutional investor stability and crash risk: Monitoring versus short – termism? *Journal of Banking & Finance* 37 (8): 3047 – 3063.

[76] Callen J L, Segal D, Hope O K. 2010. The pricing of conservative

accounting and the measurement of conservatism at the firm – year level. *Review of Accounting Studies* 15 (1): 145 – 178.

[77] Carleton W T, Nelson J M, Weisbach M S. 1998. The Influence of Institutions on Corporate Governance through Private Negotiations: Evidence from TIAA – CREF. *The Journal of Finance* 53 (4): 1335 – 1362.

[78] Chen H, Chen J Z, Lobo G J. 2010. Association between borrower and lender state ownership and accounting conservatism. *Journal of Accounting Research* 48 (5): 973 – 1014.

[79] Chen X, Harford J, Li K. 2007. Monitoring: Which institutions matter? *Journal of Financial Economics* 86 (2): 279 – 305.

[80] Chung K H, Zhang H. 2011. Corporate governance and institutional ownership. *Journal of Financial and Quantitative Analysis* 46 (1): 247 – 273.

[81] Christensen P O, de la Rosa L E, Feltham G A. 2010. Information and the cost of capital: An ex ante perspective. *The Accounting Review* 85 (3): 817 – 848.

[82] Clarkson P, Guedes J, Thompson R. 1996. On the diversification, observability, and measurement of estimation risk. *Journal of Financial and Quantitative Analysis* (3): 69 – 84.

[83] Coles J, Loewenstein U. 1988. Equilibrium pricing and portfolio composition in the presence of uncertain parameters. *Journal of Financial Economics* 22 (2): 279 – 303.

[84] Coles J, Loewenstein U, Suay J. 1995. On equilibrium pricing under parameter uncertainty. *Journal of Financial and Quantitative Analysis* 30 (3): 347 – 364.

[85] Copeland T, Galai D. 1983. Information effects on the bid – ask spread. *The Journal of Finance* 36: 1457 – 1469.

[86] Cullinan C P, Wang F, Wang P. 2012. Ownership structure and accounting conservatism in China. *Journal of International Accounting, Auditing and Taxation* 21 (1): 1 – 16.

[87] Davidson S, Stickney C P, Weil R L. 1982. Intermediate accounting: Concepts, methods, and uses. *Dryden Press.*

[88] Davis E P, Steil B. 2001 Institutional investors. *MIT press.*

[89] Demsetz H. 1968. The cost of transacting. *The quarterly journal of Economics* 82: 33 – 53.

[90] Dye R A. 2001. An evaluation of "essays on disclosure" and the disclosure literature in accounting. *Journal of Accounting and Economics* 32 (1): 181 – 235.

[91] Dietrich J R, Muller K A, Riedl E J. 2003. Using stock returns to determine "bad" versus "good" news to examine the conservatism of accounting earnings. *Working Paper, The Pennsylvania State University*.

[92] Elyasiani E, Jia J. 2010. Distribution of institutional ownership and corporate firm performance. *Journal of banking & finance* 34 (3): 606 – 620.

[93] Elyasiani E, Jia J J. 2008. Institutional ownership stability and BHC performance. *Journal of Banking & Finance* 32 (9): 1767 – 1781.

[94] Elyasiani E, Jia J J, Mao C X. 2010. Institutional ownership stability and the cost of debt. *Journal of Financial Markets* 13 (4): 475 – 500.

[95] FASB. 2010. Statement of Financial Accounting Concepts No. 8. *Financial Accounting Standards Board of the Financial Accounting Foundation.*

[96] Foster J M. 2003. The FASB and the Capital Markets. *The FASB Report.*

[97] Francis J, LaFond R, Olsson P M. 2004. Costs of equity and earnings attributes. *The Accounting Review* 79 (4): 967 – 1010.

[98] Francis J R, Martin X. 2010. Acquisition profitability and timely loss recognition. *Journal of Accounting and Economics* 49 (1): 161 – 178.

[99] Fortune. 1993. What activist investors want. 8: 59 – 63.

[100] Ferreira M A, Matos P. 2008. The colors of investors' money: The role of institutional investors around the world. *Journal of Financial Economics* 88 (3): 499 – 533.

[101] Givoly D, Hayn C K, Natarajan A. 2007. Measuring reporting conservatism. *The Accounting Review* 82 (1): 65 – 106.

[102] Gilson R J, Kraakman R. 1991. Reinventing the outside director: An agenda for institutional investors. *Stanford Law Review* 43 (4): 863 – 906.

[103] Gillan S, Starks L. 2007. The evolution of shareholder activism in the United States. *Journal of Applied Corporate Finance* (19): 55 – 73.

[104] Glosten L, Milgrom P. 1985. Bid ask and transaction prices in a specialist market with heterogeneously informed traders. *Journal of Financial Economics* 14 (1): 71 – 100.

[105] Göx R F, Wagenhofer A. 2009. Optimal impairment rules. *Journal of Accounting and Economics* 48 (1): 2 – 16.

[106] Graves S B, Waddock S A. 1994. Institutional owners and corporate social performance. *Academy of Management Journal* 37 (4): 1034 – 1046.

[107] Guay W, Verrecchia R. 2006. Discussion of an economic framework for conservative accounting and Bushman and Piotroski (2006). *Journal of Accounting and Economics* 42 (1): 149 – 165.

[108] Guay W R, Verrecchia R E. 2007. Conservative disclosure *Working paper. University of Pennsylvania.*

[109] Handa P, Linn S. 1993. Arbitrage pricing with estimation risk. *Journal of Financial Economics* (3): 81 – 100.

[110] Hayashi F. 1982. Tobin's marginal q and average q: A neoclassical interpretation. *Econometrica* 50 (1): 213 – 224.

[111] Hartzell J C, Starks L T. 2003. Institutional investors and executive compensation. *The Journal of Finance* 58 (6): 2351 – 2374.

[112] Holderness C G, Sheehan D P. 1988. The role of majority shareholders in publicly held corporations: An exploratory analysis. *Journal of Financial Economics* (20): 317 – 346.

[113] Holthausen R W, Watts R L. 2001. The relevance of the value – relevance literature for financial accounting standard setting. *Journal of Accounting*

*and Economics* 31 (1): 3-75.

[114] Hölmstrom B. 1979. Moral hazard and observability. *The Bell Journal of Economics* 10 (1): 74-91.

[115] Hoskisson R E, Johnson R A, Moesel D D. 1994. Corporate divestiture intensity in restructuring firms: Effects of governance, strategy, and performance. *Academy of Management Journal* 37 (5): 1207-1251.

[116] Hotchkiss E S, Strickland D. 2000. Does shareholder composition affect stock returns? Evidence from corporate earnings announcements. *working paper. Boston College, Boston, MA and Ohio State University, Columbus, OH.*

[117] Hui K W, Klasa S, Yeung P E. 2012. Corporate suppliers and customers and accounting conservatism. *Journal of Accounting and Economics* 53 (1): 115-135.

[118] Indjejikian, Raffi J. 2007. Discussion of Accounting Information, Disclosure, and the Cost of Capital. *Journal of Accounting Research* (2): 421-426.

[119] Iyengar R J, Zampelli E M. 2010. Does accounting conservatism pay? *Accounting & Finance* 50 (1): 121-142.

[120] Jensen M, Meckling W T. 1976. Theory of the firm: managerial behavior, agency costs and ownership structure. *Journal of Finance and Economics* (4): 305-360.

[121] Johnson R A, Greening D W. 1999. The effects of corporate governance and institutional ownership types on corporate social performance. *Academy of Management Journal* 42 (5): 564-576.

[122] Ke B, Petroni K, Safieddine A. 1999. Ownership concentration and sensitivity of executive pay to accounting performance measures: Evidence from publicly and privately-held insurance companies. *Journal of Accounting and Economics* 28 (2): 185-209.

[123] Kellogg R L. 1984. Accounting activities, security prices, and class action lawsuits. *Journal of Accounting and Economics* 6 (3): 185-204.

[124] Khan M, Watts R L. 2009. Estimation and empirical properties of a firm-year measure of accounting conservatism. *Journal of Accounting and Economics* 48 (2): 132-150.

[125] Klein R, Bawa V. 1976. The effect of estimation risk on optimal portfolio choice. *Journal of Financial Economics* 3: 215-231.

[126] Kim J B, Zhang L. 2010. Does accounting conservatism reduce stock price crash risk? Firm-level evidence. *Working Paper, City University of Hong Kong*.

[127] Kothari S P, Shu S, Wysocki P D. 2009. Do managers withhold bad news? *Journal of Accounting Research* 47 (1): 241-276.

[128] Kothari S P, Ramanna K, Skinner D J. 2009. What should GAAP look like? A survey and economic analysis. *Working Paper, MIT Sloan School of Management*.

[129] Krishnan J, Krishnan J. 1997. Litigation risk and auditor resignations. *The Accounting Review* 72 (4): 539-560.

[130] Krishnan G V, Visvanathan G. 2008. Does the SOX Definition of an Accounting Expert Matter? The Association between Audit Committee Directors' Accounting Expertise and Accounting Conservatism. *Contemporary Accounting Research* 25 (3): 827-858.

[131] Lafond R, Roychowdhury S. 2008. Managerial ownership and accounting conservatism. *Journal of Accounting Research* 46 (1): 101-135.

[132] LaFond R, Watts R L. 2008. The information role of conservatism. *The Accounting Review* 83 (2): 447-478.

[133] Lambert R, Leuz C, Verrecchia R E. 2007. Accounting information, disclosure, and the cost of capital. *Journal of Accounting Research* 45 (2): 385-420.

[134] Lambert R A, Leuz C, Verrecchia R E. 2012. Information asymmetry, information precision, and the cost of capital. *Review of Finance* 16 (1): 1-29.

[135] Lara J M G, Osma B G, Penalva F. 2009. Accounting conservatism and corporate governance. *Review of Accounting Studies* 14 (1): 161 – 201.

[136] Lara, J. M. G., Osma, B. G., Penalva, F. 2011. Conditional conservatism and cost of capital. *Review of Accounting Studies* 16: 247 – 271.

[137] Leuz, C. 2001. Comment on infrastructure requirements for an economically efficient system of public financial reporting and disclosure. *Brookings – Wharton Papers on Financial Services. Brookings Institution Press.*

[138] Li, X. 2009. Accounting conservatism and cost of capital: International analysis. *Working paper. London Business School.*

[139] Lin, F. Y., Wu, C. M., Fang, T. Y., Wun, J. C.. 2014. The relations among accounting conservatism, institutional investors and earnings manipulation. *Economic Modelling* 37: 164 – 174.

[140] Wittenberg – Moerman R. 2008. The role of information asymmetry and financial reporting quality in debt trading: Evidence from the secondary loan market. *Journal of Accounting and Economics* 46 (2): 240 – 260.

[141] Nikolaev V V. 2010. Debt covenants and accounting conservatism. *Journal of Accounting Research* 48 (1): 51 – 89.

[142] Odean T. 1999. Do investors trade too much?. *American Economic Review* 89: 1279 – 1298.

[143] Pound J. 1991. Beyond takeovers: politics comes to corporate controll. *Harvard business review* 2: 83 – 93.

[144] Pound J. 1988. Proxy contests and the efficiency of shareholder oversight. *Journal of Financial Economics*, 20: 237 – 265.

[145] Pratt J, Stice J D. 1994. The effects of client characteristics on auditor litigation risk judgments, required audit evidence, and recommended audit fees. *The Accounting Review* 69 (4): 639 – 656.

[146] Prendergast C. 2002. The tenuous trade – off of risk and incentives. *Journal of Political Economy* 110: 1071 – 1102.

[147] Parrino R, Sias R W, Starks L T. 2003. Voting with their feet:

institutional ownership changes around forced CEO turnover. *Journal of Financial Economics* 68 (1): 3 – 46.

[148] Penndorf B. 1930. The relation of taxation to the history of the balance sheet. *The Accounting Review* 5 (3): 243 – 251.

[149] Ramalingegowda S, Yu Y. 2012. Institutional ownership and conservatism. *Journal of Accounting and Economics* 53 (1): 98 – 114.

[150] Richardson S. 2006. Over – investment of free cash flow. *Review of Accounting Studies* (11): 159 – 189.

[151] Roychowdhury S. 2010. Discussion of: "Acquisition profitability and timely loss recognition" by J. Francis and X. Martin. *Journal of Accounting and Economics* 49 (1): 179 – 183.

[152] Roychowdhury S, Watts R L. 2007. Asymmetric timeliness of earnings, market – to – book and conservatism in financial reporting. *Journal of Accounting and Economics* 44 (1): 2 – 31.

[153] Ryan S G. 2006 Identifying conditional conservatism. *European accounting review* 15 (4): 511 – 525.

[154] Shackelford D A, Shevlin T. 2001. Empirical tax research in accounting. *Journal of Accounting and Economics* 31 (1): 321 – 387.

[155] Stickney C P, Weil R L. 1994. Financial Accounting: An Introduction to Concepts, Methods, and Uses, 7th Edition. *The Dryden Press*.

[156] Stober T L. 1996. Do prices behave as if accounting book balues are conservative? Cross – sectional tests of the Feltham and Ohlson valuation model. *Working paper, University of Notre Dame*.

[157] Suijs J. 2008. On the value relevance of asymmetric financial reporting policies. *Journal of Accounting Research* 46 (5): 1297 – 1321.

[158] Tate W L, Ellram L M, Bals L. 2010. An agency theory perspective on the purchase of marketing services. *Industrial Marketing Management* 39 (5): 806 – 819.

[159] Tobin J. 1969. A general equilibrium approach to monetary theory.

*Journal of money, credit and banking* 1 (1): 15 – 29.

[160] Watts R L. 2003. Conservatism in accounting part I: Explanations and implications. *Accounting horizons* 17 (3): 207 – 221.

[161] Watts R L, Zimmerman J L. 1986. Positive Accounting Theory. *New Jersey: Prentice – Hall.*

[162] Wolk H I, Francis J R, Tearny M G. 1989. Accounting Theory: A Conceptual and Institutional Approach. *PWS – KENT Publishing Company.*

[163] Xia D, Zhu S. 2009. Corporate governance and accounting conservatism in China. *China Journal of Accounting Research* 2 (2): 81 – 108.

[164] Yan X S, Zhang Z. 2009. Institutional investors and equity returns: Are short – term institutions better informed? *Review of financial Studies* 22 (2): 893 – 924.

[165] Zhang J. 2008. The contracting benefits of accounting conservatism to lenders and borrowers. *Journal of Accounting and Economics* 45 (1): 27 – 54.

[166] Shleifer A, Vishny R W. 1986. Large shareholders and corporate controll. *The Journal of Political Economy* 94 (3): 461 – 488.

[167] Shleifer A, Vishny R W. 1997. A survey of corporate governance. *The journal of Finance* 52 (2): 737 – 783.

[168] Chhaochharia V, Kumar A, Niessen – Ruenzi A. 2012 Local investors and corporate governance. *Journal of Accounting and Economics* 4 (1): 42 – 67.

[169] Joh S W. 2003. Corporate governance and firm profitability: evidence from Korea before the economic crisis. *Journal of Financial Economics* 68 (2): 287 – 322.

# 致　谢

　　本书是在我的博士论文的基础上修改而成。通过这次修改，让我再次回想起撰写博士论文时的点点滴滴，很多场景仍历历在目。当我通过键盘敲完博士论文的最后一个句号时，已经是凌晨两点，我突然感到如释重负，好像是经历长途跋涉、攀山越岭，身体极其疲惫后，终于可以停下来休息片刻，睡个安稳觉了。但我此时的心情却是跌宕起伏，思绪万千，无法入睡，真正感慨的是时光荏苒、岁月如歌，在我还没来得及细细品味博士生活的时候，我已经到了毕业之际。当准备考博的硕士生通过文献、期刊、杂志了解到某位优秀的博士生取得了骄人的成绩和丰硕的成果时，他们也许会竖起大拇指称赞了不起，但他们怎知博士研究生光鲜亮丽的背后，却充满着心酸和泪水，将博士研究生的学习与研究生涯比作五味瓶，酸甜苦辣咸尽在其中，我认为是再恰当不过了。在我刚入学时对每周阅读多篇外文文献的不适应；对计量方法和计量工具的不熟悉；对实证研究中如何进行理论分析与提出研究假说以及实证检验结果报告格式的不了解等各种困难，在经过近三年博士阶段的学习，近两年的反复琢磨以及数不清在多少个夜晚里建模型、搜数据、跑回归，时至今日，我终于完成了博士论文的撰写工作，似乎有一种如释重负的感觉，但内心却无法彻底释怀。究其原因，我认为是在博士论文的撰写过程中，我更加清楚自己在理论功底、计量工具操作等方面仍然与真正意义上的博士有一定的差距，经历撰写博士论文这一过程，我坚信了未来继续从事科学研究的信心，我深信在中国人民大学商学院所学到的科学的研究方法、科学的思维方式、严谨的学风，一定会为我未来的科研道路奠定坚实的基础。

# 致　谢

三年前怀着忐忑的心情报考了国内最顶级的会计院校之一的中国人民大学，承蒙恩师赵西卜教授之不弃将我收到其门下。三年来，赵老师谦卑和蔼，待人诚恳，不仅教给了我严谨的治学态度、科学的思维方式，更教给了我为人处世之道。赵老师从我的博士论文选题到论文初稿的完成花了大量的精力给予指导，我经常在写作过程中陷入困境，没有任何思路和灵感，但只要与导师谈上两个小时，我就能茅塞顿开，进而继续写作。如果没有导师牺牲了大量的休息时间帮我的博士论文从逻辑上把关、从文字上润色、从思路上指导，我是无法顺利完成博士论文的写作的，在此道一声：老师，您辛苦了！老师的恩情我将终生难忘，我必将老师的知遇之恩、培养之情转化为强大的学习动力，绝不辜负老师的期望和厚爱。同时，我也深深地感谢师母朱梅女士、师弟赵子豪对我和我家人的关心。

在中国人民大学攻读博士研究生期间，有幸聆听了戴德明教授、荆新教授、耿建新教授、徐经长教授、于富生教授、宋建波教授、叶康涛副教授、周华副教授、孙曼莉副教授、许年行副教授、吴武清老师等讲授的课程，正是因为听了这些课程，我的会计理论功底、实证分析能力都较之以前得到了大幅度的提高，在此对上述老师表示感谢。感谢在中期考核以及面试阶段对我的研究设计以及博士论文选题进行指导的荆新教授、林钢教授、徐泓教授、叶康涛副教授、秦玉熙副教授等，在老师的指导下，我的研究思路才更加开阔，理论推导才更加清晰、研究假说的提出才更加令人信服、篇章安排才更加合理。感谢在博士论文预答辩阶段对我的论文提出宝贵意见的徐经长教授、宋建波教授、张敏副教授、戴璐副教授，正是你们提出的宝贵意见，才使得我不断反思论文的整体结构、理论基础和三章实证之间存在的逻辑问题，按照意见修改后，三章实证研究之间的前后逻辑关系才更加合理。感谢博士教务办的陈君老师、岳楠楠老师三年来在选课、中期考核、开题、预答辩等环节中不厌其烦、满腔热情地为我们作出的一切。感谢匿名评审专家为我的论文提出的宝贵意见。感谢祁怀锦教授、余应敏教授、马元驹教授、耿建新教授、于富生教授在答辩过程中给我提出的修改建议以及未来进一步深入研究的方向。

三年的博士学习、科研任务非常繁重，但是我依然过得非常开心，因为有同窗好友的朝夕相伴和相互交流、相互讨论、相互请教，使得本来枯燥无味的论文写作变得充满趣味。这些陪我一起度过最沮丧、最难熬日子的同窗好友分别是：曹丰、王茂林、吴青川、徐凯、鲁冰、张勇、林慧婷、叶慧芬、陈海霞、刘珍秀、叶若慧、李阳、任聪聪、王裕、温权、董红晔、方心童、陈永凤、黄胜、王虹、刘印旭、曲进、魏荣、关馨娇、高弋君、刘力一、潘琦、王哲、李朋波、张廷海、孙磊、罗文豪，在此一并感谢。

感谢同门师兄弟、师姐妹：曹越、曾令会、徐爱莉、程亚琼、张国源、王军会、洪学智、王放、宁美军、刘正阳、付禹彬、邓奕仟、李桢桢、王可如、张俊雄、江永鑫、张强等在师门研讨会中对我的博士论文选题从不同的视角所提供的建议和指导以及在生活上对我的关心与照顾。

感谢我大学期间的老师薛浩教授、卢新国教授、沈友娣教授、卞继红教授、张思强教授以及原工作单位的领导姚冠新书记、杨春生书记、陈金春校长、姚军处长、施鲁莎研究员、吴加才教授、王铁教授、孙兴洋部长、吴晟奕部长、杨军主任、蔡月祥院长、夏金海院长、赵永亮院长、孙雷书记、陈阳主任、唐浩书记、裴森森主任、丁建洋科长、林沛峰科长等在我考博以及读博期间对我的关心、鼓励和支持。感谢我的硕士生导师孔玉生教授在硕士阶段对我进行的严苛训练，如果没有孔老师所传授的阅读国际顶级期刊文献的方法，估计至今我还处于漫长的摸索中。感谢我硕士阶段的任课老师陈留平教授、陈纪南副教授、许良虎副教授、陈平副教授、徐文学副教授、章文芳副教授、张华副教授等对我的指导与帮助。感谢我的中学班主任刘永芳博士长期以来对我的鼓励、关心与教诲。感谢我的好朋友岳红印、戴建、董学兴、梁兴来、张猛超、李大庆等经常通过电话对我嘘寒问暖、关怀备至。感谢我的学生单寅年、戴宁平经常利用到北京出差的机会来人民大学看望我。

在攻读博士研究生之前，我已经在地方一所高校工作，为了三年能够在中国人民大学这所到处充满养分的神圣高等学府里安心读书与写论文，我丝毫不敢掉以轻心，我主动辞去了在地方高校依然十分看重的行政职务，并且和原单位签订了三年全脱产学习的协议，该协议签订后，我没有了工资，只有一点微薄的生活补贴，生活补贴在还完每月的按揭贷款之后已经所剩无几，这就是我每月在人民大学的生活费。在我的生活补贴只能糊口不能养家的艰难情形下，我的妻子李萍女士对我无怨无悔并给予了充分的理解和支持。令我最难以释怀的是在我复习考博期间，由于没能悉心照顾怀孕三月有余的妻子，我们的第一个孩子流产了，这给我和妻子留下了无比的伤痛；值得欣慰的是，2014年7月24日，我的宝贝女儿李泽晞降临了，她带给我无限的欢乐，更让我坚定了要一鼓作气将博士论文写完的决心。2014年9月，我在女儿未满两个月的情况下，又返回北京继续博士论文的写作。当我于三个月后再次回家看望女儿的时候，她已经不认识我了，心酸的泪水只能咽在肚里，作为父亲，没有尽到照顾幼小女儿的义务和责任，我深感愧疚，但是为了女儿和全家的未来，我又不得不再次返校继续撰写论文。在北京的日子里，已经记不清有多少个夜晚，每当夜深人静，大家进入梦乡之际，我躺在床上就回想女儿那天真的笑容，正是你的出现，才让我有了更大的动力，在此感谢我的宝贝女儿泽晞小朋友，在爸爸博士论文完成之际，也祝你健康快乐每一天，早日成为栋梁之才。

感谢我的岳父、岳母在我攻读博士研究生期间对我和我的小家庭的无私奉献和帮助，我的岳母自我妻子怀孕时起，就予以精心照顾，在我女儿出生后，更是百般呵护；感谢我的弟弟、弟媳对我在贫困农村生活的老母亲的照顾，他们的无私付出让我没有任何后顾之忧地安心撰写论文。

最后也以此著作献给我早逝的父亲，父亲是地地道道善良、淳朴的农民，为了供我读大学一直省吃俭用，积劳成疾，于2006年突发脑出血，他在医院住院以及出院期间反复问我，你还要读研究生吗？当时，我满口答应说我读，这时父亲露出了笑容，此后不久父亲便离我而去。我能攻读博士也是父亲的愿望，现在我已博士毕业，愿父亲在天堂也能感到一丝的欣慰。

李争光<br>2022年11月